## Maikel Nisimblat

# GUÍA PRÁCTICA PARA DEMANDAR A UN CIRUJANO PLÁSTICO

© MAIKEL NISIMBLAT

© ISBN:9781453762042

# INDICE GENERAL

AGADECIMIENTOS.................................V

PRESENTACION.................................................VII

1) ¿Qué es la responsabilidad médica en cirugía plástica?..............1
2) ¿Es cierto el mito de que no se puede demandar a un médico?.........5
3) ¿Por qué hay tan pocas demandas contra profesionales de la medicina?........6
4) ¿Qué ha cambiado? El mito...............8
5) Tipos de responsabilidad.................9
6) ¿Qué es la prescripción en derecho médico?.....11
7) ¿Qué es la Corte Suprema de Justicia?...............21
8) Cirugías plásticas más comunes.......................27

LIPOSUCCION.................................67

RINOPLASTIA.................................85

CONCLUSINES.................................119

# AGRADECIMIENTOS

Agradezco muy especialmente a MARTHA SANCHEZ por su gran ayuda en la conceptualización y digitalización grafica de esta guía, al Dr. HELIODORO FIERRO MENDEZ por su revisión y sus grandes aportes conceptuales en materia penal, a mi hermano NATTAN NISIMBLAT quien con su conocimiento y técnica jurídica contribuyo en la redacción y desarrollo de las preguntas frecuentes que aparecen en el libro y en la pagina www.nisimblatabogados.com.

Igualmente agradezco a MARCO SILVA quien desarrolló algunas graficas iniciales de la guía y al maestro ALVARO VARCARCEL STRONG quien pintó las caricaturas que explican cada uno de los casos.

A mi padre BORIS NISIMBLAT fundador de NISIMBLAT ABOGADOS, quien con su gran experiencia y conocimiento del derecho, ha generado una conciencia de la obligatoriedad del discernimiento y argumentación jurídica en cada una de las áreas del derecho.

A mi madre y a mi hermana por su apoyo incondicional en cada uno de los proyectos que he adelantado en mi carrera como abogado y empresario.

# PRESENTACIÓN

Con esta guía práctica se busca generar un acercamiento básico del lector, a los derechos y posibilidades jurídicas que se tienen ante un eventual error médico en la cirugía plástica; es por ello que a través de sus páginas se explica, en forma sencilla y en lenguaje cotidiano e ilustrado, cada uno de los conceptos generales requeridos para lograr un entendimiento de las posibilidades que tienen los afectados, en cada situación particular.

Aunque la cirugía plástica, cada día ofrece más procedimientos para mejorar el aspecto personal, tales como: cirugía de nariz (rinoplastia), liposucción, gluteoplastia, cirugías faciales y procedimientos cosméticos no quirúrgicos, se ha elegido tratar el tema del aumento de senos en cuatro tipos de operaciones básicas: aumento de senos, lifting mamario, revisión y reconstrucción.

Es importante poner de manifiesto que el tipo de responsabilidad explicado en esta guía, aplica en líneas generales a todo tipo de intervenciones estéticas, teniendo como punto de partida, indistintamente, el error médico, la negligencia, la impericia y la falta de obtención de resultados.

De igual manera, con la guía práctica se procura generar conciencia en médicos y pacientes acerca de la existencia de derechos antes, durante y después de los procedimientos, así como inculcar en las personas, la importancia de la información y el entendimiento de que la premisa, según la cual no se puede demandar a un médico cirujano, no es cierta.

Los casos ilustrados a lo largo de estas páginas son hipotéticos, pero se inspiran en hechos y reclamaciones reales, realizadas por la firma legal NISIMBLAT ABOGADOS, por tanto, la percepción sobre los derechos de los ciudadanos y la forma de acceder a la justicia, corresponde a la experiencia y a la interpretación jurídica sobre la responsabilidad médica.

No se pretende indicar aquí, una verdad incontrovertible que no pueda estar sujeta a verificación y debate, sino crear, como se dijo anteriormente, una conciencia ciudadana sobre la prevalencia de los derechos de los afectados y la calidad en la aplicación de los procedimientos y protocolos por parte de los médicos, y por lo mismo, la guía práctica no ha sido creada ni diseñada para profesionales del derecho sino, como se ha indicado: para personas que desean tener un acercamiento a los derechos y posibilidades jurídicas que se tienen, ante un eventual error médico en la cirugía plástica.

La profundidad técnica del desarrollo de los conceptos jurídicos quedan para la academia, que es su escenario natural, pero no por ello la guía práctica es carente de seriedad o contenido; antes por el contrario, por la manera como se presentan los temas, en lenguaje sencillo, ameno la hace entendible a todo lector.

La firma legal NISIMBLAT ABOGADOS agradece los comentarios a la página de Internet:

www.nisimblatabogados.com

## 1) ¿Que es la responsabilidad médica en cirugía plástica?

Es la obligación que tiene el médico de reparar un daño causado a un paciente, derivado de: la falta de ejecución de un procedimiento que estaba obligado a realizar dentro de la operación quirúrgica (negligencia); la mala aplicación de un procedimiento por excesiva confianza o por falta de destreza (impericia); o, simplemente, por la falta de obtención de un resultado prometido al paciente al momento de contratar.

*Un caso práctico:*

JUANITA, mujer de 35 años de edad, madre de dos niños de 10 y 8 años nota que con el correr de los años y después del nacimiento de sus hijos, sus senos ya no se encuentran tan firmes como en el pasado.

Al leer una revista de farándula encuentra un llamativo anuncio publicitario de página completa en donde un médico cirujano ofrece el servicio de levantamiento de senos, y en donde se muestran dos fotos de una mujer con el torso desnudo. En la primera, del lado izquierdo, se observan los senos de la mujer con un aspecto flácido, asimétrico y con la piel pálida; en la segunda, aparentemente la misma mujer, se muestra con el torso desnudo, enseñando los senos con un aspecto firme, simétrico y más saludable; inclusive, la segunda fotografía enseña a la misma mujer con una tonalidad de piel ligeramente mas realzada y bronceada.

El aviso publicitario causa una impresión inmediata en JUANITA y decide solicitar una cita.

Al acudir a donde el médico cirujano, este, no sólo le muestra en un programa de computador la forma como le van a quedar sus senos, sino que le promete que sus senos quedarán del tamaño, firmeza y simetría reflejado en la pantalla del computador, ante tal manifestación y expectativa, JUANITA se somete a la cirugía.

Dos meses, posteriores a la realización de la cirugía plástica y una vez cumplido el periodo de recuperación, JUANITA acude a donde el médico porque existe una diferencia radical entre la dimensión de un seno y el otro y, adicionalmente, existe una asimetría entre los dos senos.

A pesar de que el resultado no es el prometido y se evidencia la diferencia de tamaño y la asimetría de los senos, el cirujano plástico muy molesto, le indica que la cirugía fue bien practicada y que todos los procedimientos fueron cumplidos al pie de la letra, e inclusive, le enseña una declaración de dos cirujanos expertos indicando que la operación estética fue realizada ajustándose al pie de la letra, cumpliendo con todos los procedimientos, protocolos y lineamientos médicos establecidos para este tipo de operaciones.

Afirman los dos médicos, en sus declaraciones, que el cirujano actuó diligentemente, no se produjo ningún acto negligente ni se evidenció impericia.

JUANITA, ante esto, se disculpa con el médico y renuncia a todo tipo de reclamación para obtener el resultado inicialmente prometido. JUANITA se lamenta todos los días de la pérdida de su dinero y de no haber logrado una mejoría sustancial en su aspecto físico.

Esa es la actitud que normalmente asumirían las JUANITAS, representadas en la historia, si embargo el asunto no es así como usualmente se cree, pues JUANITA tiene derechos **¿Cuáles?**

Según se vió, al definir el concepto de responsabilidad médica: era la obligación de reparar un daño causado por haber omitido un procedimiento (negligencia), haber practicado un procedimiento en indebida forma por haber confiado excesivamente en su destreza, o, por último, haber obtenido un resultado diferente al prometido.

Si bien se observa, el cirujano plástico no omitió ningún procedimiento o protocolo, ni tampoco practicó en indebida forma un procedimiento, si se observa que el resultado no fue el prometido u ofrecido a JUANITA, cuando en la consulta le hicieron la exposición por computador.

Conforme a lo anterior, ¿**debería el médico reparar el daño causado solamente por no haber obtenido el resultado causado a pesar de haber actuando diligentemente?** La respuesta es contundente y enfática: ¡SI!

Es claro que si a Juanita le insinuaron, o de alguna forma le hicieron entender que recibiría un resultado determinado en cuanto al aspecto final de su operación, bien sea mediante fotografías de modelos, o mediante simulación con el contorno de su propio cuerpo reflejado en un programa de computador, la respuesta es inequívoca: *constituye un deber del médico cirujano cumplir con esa promesa*.

En el caso de la cirugía plástica al médico no le basta con cumplir con todos los procedimientos al pie de la letra, sino que le corresponde asegurar que el resultado final sea el ofrecido.

A diferencia de la responsabilidad de las otras especialidades de la medicina, los cirujanos plásticos deben responder ante sus pacientes por el resultado prometido u ofrecido. Dicha responsabilidad se conoce en derecho como **responsabilidad de resultado.**

La responsabilidad de los médicos en las otras especialidades médicas, salvo la odontología, se conoce en derecho como **responsabilidad de medio**, ya que limitan la reparación del daño, exclusivamente a los eventos en que se demuestre negligencia o impericia.

En esta medida si a JUANITA le ofrecieron que sus senos quedarían firmes, simétricos y de un tamaño específico, constituye un deber del médico cirujano asegurar que ese resultado sea obtenido.

De ahí que JUANITA sí tiene en sus manos todos los mecanismos jurídicos para solicitar la reparación del daño causado. Mas adelante se tratará lo referente a cuál es la reparación que podría JUANITA solicitar.

## 2) ¿Es cierto el mito de que no se puede demandar a un médico?

No, es totalmente falso. Al igual que cualquier profesional es sujeto de responsabilidad por sus actos negligentes, con falta de pericia o en el caso de los médicos cirujanos plásticos por falta de obtención de un resultado.

MARCO SILVA 2010

## 3) ¿Por qué hay tan pocas demandas contra profesionales de la medicina?

Se debe a la tendencia generalizada de pensar que presentar una demanda, una reclamación o una denuncia por un error médico es una tarea imposible de realizar y una batalla totalmente pérdida.

Aunque las victimas tenían la certeza de la ocurrencia de un daño y de la responsabilidad del médico, por dicho acto, conocido en derecho como "relación de causalidad", la ley colombiana y la tendencia de las altas Cortes, en sus decisiones, denominadas de manera general como "*jurisprudencia*", imponían la obligación a la victima de probar que había ocurrido un error médico ya por negligencia ora por impericia.

El problema a la anterior imposición lo constituía el obtener la prueba del error médico.

**Los problemas eran evidentes:**

1) El paciente desconocía los temas y procedimientos científicos propios de la actividad médica.

2) Los pacientes ni siquiera entendían la terminología médica: ignorancia.

3) No existían testigos que pudieran declarar sobre el error médico

4) Existiendo testigos, tampoco estaban familiarizados ni tenían los conocimientos científicos para declarar en un proceso judicial, identificando el error, la falencia o el acto negligente.

5) En los procedimientos quirúrgicos ni siquiera el paciente tenía certeza de lo que había sucedido, ya que se encontraba sedado por la anestesia, o en su defecto dormido por la anestesia general; y aún estando despierto, desconocía o no observaba el procedimiento que le realizaban.

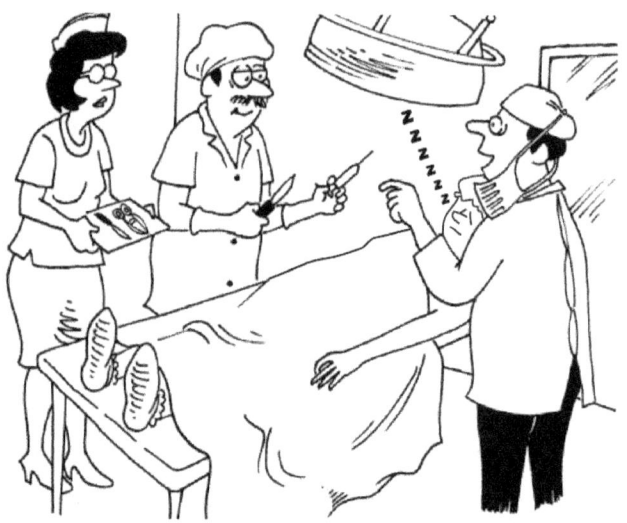

6) Era casi imposible lograr que un médico se presentara a declarar en contra de la actividad profesional de otro colega. Los médicos se cubren.

7) Se tenía el pensamiento de que el único mecanismo adecuado para solicitar una reparación o una sanción moral era a partir de la

concurrencia a los Tribunales de Ética médica o ante la justicia Penal.

Conforme a lo anterior y, además, en razón a que los pacientes no tenían conocimiento, con respecto a que tanto en el derecho penal como en la regulación disciplinaria de los Tribunales éticos, se tiene como fundamento esencial y garantía la presunción de inocencia, la cual sostiene que toda persona es inocente hasta que no se le pruebe lo contrario, ello constituía la obligación de probar la ocurrencia del error, al denunciar a un médico por la causación de un daño.

La pregunta radica en lo siguiente: **¿Como probaba el error, una persona sin conocimientos científicos ni médicos, sin testigos y sin médicos que testificaran?** Simplemente no lo hacía, era imposible; la batalla estaba pérdida y con ello cualquier posibilidad de reclamar: impunidad absoluta.

**4) ¿Qué ha cambiado? El mito.**

Como se dijo anteriormente, el principio de presunción de inocencia, en derecho penal y en derecho disciplinario médico, ha generado que exista el mito según el cual: un médico no puede ser demandado, ya que le es casi imposible, a una persona del común, probar errores derivados de conductas omisivas o negligentes.

La falta de conocimiento científico y la imposibilidad de lograr que otro médico declarara en contra de otro colega, han sido factores negativos en contra de los derechos de los afectados.

A partir de esto, la Corte Suprema de Justicia y el Consejo de Estado, adoptaron una postura muy progresista y de avanzada bajo el entendimiento de que al ciudadano le es casi imposible probar la existencia de un acto negligente, por una sencilla razón: en la mayoría de los casos los pacientes se encuentran dormidos al momento de la ocurrencia de la cirugía o si no lo están, es como si lo estuvieran ya que psicológicamente, y como producto de los sedantes, el paciente no está en condiciones de lucidez mental para revisar que cada uno de los procedimientos se ajusta a los protocolos médicos y, por otra parte, porque es evidente que los pacientes no tienen ningún tipo de formación científica que les permita conocer los protocolos o procedimientos para determinar si son los adecuados o no.

Ante esta imposibilidad se abrió una puerta jurídica y se generó una nueva tendencia tanto jurisprudencial como doctrinal, según la cual, a quien le corresponde probar que ha adelantado en debida forma todos los procedimientos es al médico y no al paciente, como anteriormente se hacía.

En el marco de esos precedentes el paciente puede solicitar una conciliación, para reclamar los perjuicios causados, y en el evento en que no exista ánimo conciliatorio o interés de llegar a un acuerdo, para el pago por parte del médico o la institución médica responsable, puede acudir a la justicia civil y su intermedio pedir indemnización de perjuicios.

Se le llama justicia civil a aquel grupo de jueces que no buscan sancionar al médico con cárcel o multas, sino ordenarle que pague al perjudicado los perjuicios que le ha causado con la indebida intervención o la promesa incumplida.

## 5) Tipos de responsabilidad

Se conocen dos tipos de responsabilidad, la contractual y la extracontractual. La responsabilidad contractual se deriva de la existencia de un contrato, como en la cirugía plástica, en donde el paciente acude voluntariamente al médico especialista, para que le practique una cirugía estetica, es decir, paciente y médico tuvieron la oportunidad de ponerse de acuerdo.

La responsabilidad extracontractual, en cambio, se presenta ante la inexistencia de un contrato, siendo el más común el de los casos de accidentes en los cuales las personas acuden por urgencias, a donde los médicos.

En los dos casos el médico debe responder por sus actos omisivos, negligentes o realizados con impericia. La diferencia radica básicamente en el tipo de responsabilidad aplicable.

En cirugía plastica, y en odontología, la responsabilidad es de resultado, lo cual quiere decir que si el resultado prometido en el contrato no se llegare a generar, el médico debe responder económicamente. Por el contrario, la responsabilidad en las otras especialidades es "de medio", es decir que solamente responde en el evento que adelanten actos omisivos, negligentes o con falta de destreza, y no por el resultado obtenido.

La expresión "de medio" significa que hizo todo lo que estaba a su alcance, pero sin prometer un resultado. Este concepto de "obligación de medio" se aplica tradicionalmente a quien depende de factores externos o de situaciones aleatorias que no permiten anticipar un resultado, como puede ser un abogado, cuya gestión depende de otro ser humano llamado juez, o, precisamente, el médico, que depende de la reacción del cuerpo y otros elementos para lograr la recuperación.

El tiempo para demandar." La prescripción"

La presencia de un contrato con el médico cirujano, determina en muchos casos el tiempo para demandar, después de la ocurrencia del error médico.

Una de las respuestas típicas de los abogados en las audiencias de conciliación para exonerar al médico de responsabilidad, es la prescripción.

## 6) ¿Qué es la prescripción en derecho médico?

Para efectos de entendimiento de esta guía, se puede decir que es la terminación del plazo, en el tiempo, para ejercer el derecho a demandar.

Pero **¿por qué finaliza el tiempo para demandar?**

Porque la Ley establece un término máximo, precisamente para evitar que un médico se encuentre indefinidamente ante la posibilidad de ser demandado.

La ley colombiana dice que todo derecho se pierde si no ha sido reclamado en tiempo, como por ejemplo, a quien le giran un cheque y no lo presenta para cobro en el banco dentro de los 15 días siguientes o no presenta su demanda dentro de los 6 meses siguientes.

## El tiempo para demandar

En la responsabilidad extracontractual, es decir, la que se deriva de la inexistencia de un contrato previo, el tiempo máximo para demandar es de dos años y en responsabilidad contractual, es decir la que se deriva de la existencia de un contrato, como en el caso de los médicos cirujanos cuando actúan contractualmente, es un año.

Ahora, la pregunta es **¿desde cuando se cuenta el año?**

Se considera que el tiempo para demandar debe comenzar a contarse desde el momento en que se manifiesta el daño y no desde el momento en que se causa el daño.

Algunos expertos en daños consideran que el tiempo límite para demandar debe estimarse desde el momento mismo en que se realizó la intervención quirúrgica. Otros consideran que el tiempo para demandar, de un año, debe contarse desde la finalización de la etapa prevista para la recuperación o la etapa post-operatoria.

Por su parte, la firma NISIMBLAT ABOGADOS considera que el tiempo para demandar se debe contar únicamente desde el momento en que se manifiesta la complicación médica, si el paciente efectivamente conoce de la existencia de dicha complicación, por haber tenido información suficiente, del médico, sobre los síntomas.

*Ejemplo:*

Paola mujer de 45 años, casada, asiste a donde el médico cirujano, para aumentar sus senos, al tener la percepción de que la relación sentimental y sexual con su esposo se ha apagado; igualmente quiere mejorar su autoestima y verse mejor. Le gustaría lucir un descote en la fiesta que tiene planeada para el aniversario numero 10 con su esposo. Paola acude a donde el médico cirujano y firma un contrato para la colocación de unos implantes mamarios de silicona. El médico omite informarle sobre los síntomas de la rotura de los implantes y sobre la necesidad de realizarse resonancias magnéticas en forma periódica para determinar si existía una rotura de los implantes y una filtración de la silicona. La etapa post-operatoria transcurre sin ningún inconveniente, y 11 meses y 28 días después, se produce una rotura en el implante mamario.

Dos meses despues de la rotura, Paola siente un insoportable dolor, inflamación, ardor, insensibilidad en uno de los senos y acude de urgencias al hospital.

En el hospital, la atienden de urgencias y encuentran que existe una rotura del implante con filtración de silicona en el organismo, lo cual ha generado una reacción en el sistema inmunológico, formando una capa de tejido conectivo o capsula fibrosa que generó una contractura capsular grado 4, lo cual es una capa de tejido cicatrizal alrededor del implante mamario cuando cicatriza y causa dolor, haciendo necesario en algunos casos el reemplazo del implante mamario.

A pesar de haberse presentado una filtración, los médicos no le hacen un examen exhaustivo para determinar si se presentan depósitos en la pared abdominal o en el hígado, en forma de gránulos.

Un mes después del retiro del implante mamario, Paola sufre de tos, fiebre, pérdida de la conciencia y un médico especialista le diagnostica una entidad clínica denominada siliconoma, caracterizada en la filtración de silicona en el organismo, ordenando en forma inmediata la disección o el retiro de su cuerpo de la silicona, mediante una complicada y riesgosa operación.

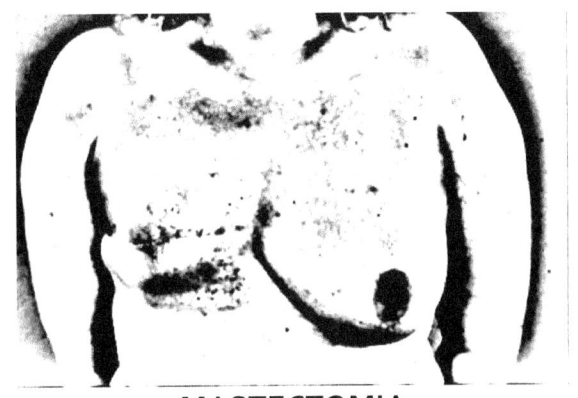

## MASTECTOMIA

En virtud de que el diagnostico pasó inadvertido inicialmente y luego se realizó tardíamente, es necesario realizarle una mastectomía total, es decir una extirpación total del seno[1].

Paola se sume en una tremenda depresión y no puede volver a tener intimidad con su esposo por el temor y la vergüenza que le genera desnudarse en frente de él. Al cabo de un año se separa.

Después de someterse a una intensiva terapia psicológica, un año y ocho meses después, decide contratar a un abogado y mediante una solicitud de conciliación reclamar perjuicios al médico ciru-

---

[1] Información sobre siliconoma, en *Revista Colombiana de Obstetricia y ginecología*, Germán García soto,.

jano que le practicó el aumento de senos, a los médicos que le trataron en urgencias y a la clinica.

En la audiencia de conciliación, los abogados del médico cirujano aducen que no hay lugar al pago de perjuicios porque la oportunidad para demandar ya venció o prescribió. Los médicos que practicaron la cirugía aducen que la responsabilidad es del médico cirujano por falta de información oportuna.

## Nuestra posición.

El médico cirujano, tal y como se anotó anteriormente, omitió su deber de informar a Paola las medidas preventivas que debía adoptar con el fin de verificar si sus implantes mamarios se encontraban bien y si habían presentado una rotura.

Tal y como se verá más adelante, los implantes mamarios de Silicona, cuando se rompen, puede filtrarse desde el implante pero pueden permanecer en la cavidad que lo sostiene, lo que hace difícil la detección de la rotura y por ende, puede pasar desapercibida para el ojo de una paciente.

Conforme a lo anterior, y entendiendo que cualquier médico cirujano, podía conocer que la ruptura de los implantes mamarios de silicona, podrían pasar desapercibidos al ojo de una paciente común, sin conocimientos científicos, era necesario que le indicara a Paola este hecho, y le recomendara asistir a realizarse una resonancia en forma periódica, para determinar o precaver la existencia de una ruptura de los implantes y una filtración de silicona.

En nuestro parecer, si bien es cierto, el tipo de responsabilidad que se le endilga al médico es de carácter contractual, y por lo mismo, se entiende que el término de prescripción es de un año, consideramos que el año límite para demandar debe contarse desde el momento en que la paciente se percató de la rotura de los implantes, esto es, desde el momento en que asistió de urgencias al hospital y no desde el momento en que se practicó la cirugía plástica.

Sin embargo, si la complicación de Paola, hubiese terminado el día en que acudió al hospital, el tiempo para demandar se debería contar desde ese momento, y terminó: un año después. Sin embargo, al presentarse una complicación secundaria derivada de la omisión de los médicos en el hospital, que no aplicaron los exámenes pertinentes para determinar que hubo una filtración de silicona y procedieron a extraerla, se presenta una simultaneidad entre los dos tipos de responsabilidades, responsabilidad civil contractual, aplicable al médico, por una parte y de otra, responsabilidad civil extracontractual, aplicable a los médicos que omitieron extraer la silicona filtrada en el cuerpo de Paola.

En consecuencia consideramos que en virtud de que en la extirpación del seno, concurrieron hechos conexos que tuvieron su origen inicial en la omisión del médico cirujano, debería aplicarse como término de prescripción o término máximo para demandar civilmente, tanto al médico cirujano, como a los médicos de urgencias, dos años, desde la fecha de extirpación del seno. En este caso se le aplicaría por conexidad al médico cirujano la prescripción establecida para la responsabilidad civil extracontractual.

Ahora, bien, según lo anterior **¿quien debería responder?**

Los tres. El médico cirujano, los médicos que la atendieron en urgencias y el hospital.

## Pero ¿por qué el hospital?

El hospital tiene un deber de vigilancia y escogencia de los profesionales que selecciona para atender en su centro Hospitalario.

Cuando una persona asiste a un centro hospitalario tiene la confianza depositada, de manera legítima, en que el centro de salud cuenta con médicos competentes, que adelantarán en forma diligente su práctica médica y que cumplirán con cada uno de los procedimientos y protocolos médicos en cada eventualidad. Esta confianza es la que fundamenta la responsabilidad del hospital frente al paciente.

En esa medida, si un médico omite un procedimiento o un protocolo médico, el centro hospitalario debe responder civilmente.

La responsabilidad penal.

Ahora bien, asumamos que transcurridos un año y ocho meses, ya hubiera vencido el término para demandar. Si se acepta, en gracias de discusión, la tesis según la cual, al médico cirujano solo le aplica la prescripción de un año desde la fecha la intervención estetica, **¿que alternativa tendría Paola?**

Es importante señalar que si bien la reclamación civil es una de las vías existentes para demandar, también existen otras posibilidades jurídicas, que pueden desarrollarse en forma simultánea o ser objeto de estudio dentro la negociación en el proceso de conciliación.

Si bien los abogados pueden tener un argumento importante para discutir, en un eventual proceso judicial, como es el tiempo para demandar, es conveniente poner en evidencia, en la negociación, la presencia de un posible delito cuyo tiempo para denunciarlo no ha prescrito.

Es importante recalcar que los tiempos para demandar por perjuicios, por un error médico en el campo civil, es diferente al límite para denunciar un delito cometido por un médico en derecho penal.

Pero, **¿cómo así que se está ante la presencia de un delito si todo el tiempo se percibió, en el caso de Paola, lo que sucedió fue un error médico y no un acto de mala fe de ninguno de los medicos y si en ningún momento se vió que los médicos quisieron causarle un daño?**

En derecho penal, el tipo de responsabilidad cambia debido a que, lo que protege el Estado no es el contrato o el cumplimiento de protocolos médicos; en el ámbito punitivo lo que se protege es la integridad física de la persona y el derecho a la vida, que para el caso en comento, es claro que la lesión tuvo su origen en la omisión del médico cirujano del deber de informar, y con ello puso en riesgo la vida y la integridad personal de Paola.

La responsabilidad penal del médico, en este ejemplo, deviene de la omisión de un deber de cuidado y de la posición de garante al cual estaba obligado por la ley penal.

En consecuencia, si se produce una lesión personal, con una secuela o daño definitivo o permanente, como es el caso de Paola por extirpación de uno de sus senos, el Estado determina quien es el responsable, estableciendo un límite para denunciar el hecho, lapso que es muchísimo más amplio.

De tal manera que si bien, al aplicar un límite mínimo para demandar, el médico cirujano podría salir bien librado, es posible que no salga también librado si Paola acude a la justicia penal.

En derecho penal la intención de causar un daño o dolo, no es el único factor que determina la responsabilidad de una persona por la comisión de un delito. Los conceptos de "culpa" y "posición de garante", son conceptos que fijan también, la responsabilidad penal.

Pero **¿qué es la culpa?** Es importante diferenciar el concepto moral, socialmente reconocido de culpa y el concepto jurídico de culpa.

En la sociedad, dicho concepto tiene su fundamento preponderantemente en la religión, en donde la culpa, puede definirse como el sentimiento interno de arrepentimiento de la persona por haber realizado un acto negativo o mal visto socialmente; en consecuencia, la culpa es un hecho interno e intrínseco del ser humano.

En derecho penal, la culpa es producto de la violación al deber objetivo de cuidado, que el agente debió haberlo previsto por ser previsible, o habiéndolo previsto, confió en poder evitarlo; también se dice que esta responsabilidad se genera por la realización de un acto lesivo, que debiéndose y pudiéndose evitar no se evitó.

La definición de culpa en derecho, es a grandes rasgos, la siguiente: no prever lo previsible o previéndolo, no adelantar acto alguno para evitarlo, o previéndolo como posible, confiar en poder evitarlo.

En el caso de Paola **¿por qué es culpable el médico cirujano si él no tuvo la intención de causarle un daño permanente?**
Según la definición anterior, será culpable por no prever lo previsible; es decir, el médico debió prever que el implante de silicona podía romperse y que debido a que la paciente no podía percatarse de la rotura, debió advertirle sobre la necesidad y conveniencia de la revisión periódica mediante resonancias magnéticas.

**RESONANCIA MAGNETICA**

Conforme a lo anterior, se observa que, ante la presencia de un delito de lesiones personales, derivadas de la extirpación del seno, se le puede endilgar responsabilidad penal al médico cirujano.

Es importante la escogencia de un abogado especializado en negociación y conciliación, ya que como se advierte, si bien la obligación de indemnizar puede ser truncada por situaciones jurídicas extrañas al error médico, como es la prescripción, puede ser conciliado por la presencia de otros factores como la posible responsabilidad penal por la comisión de un presunto delito.

Siguiendo la explicación anterior, **¿a qué tiene derecho Paola?**:

1)  A que le paguen los perjuicios económicos derivados del daño moral o daño Psicológico.

2)  A que el médico cirujano le reembolse el dinero pagado.

3)  A que el médico cirujano le realice una cirugía de reconstrucción mamaria.

4)  A que le paguen los perjuicios causados por la incapacidad de relacionarse con su esposo. Más adelante se explica este tipo de daño.

5)  A que le paguen el tiempo que dejo de trabajar, denominado daño emergente.

6)  A que le paguen cualquier dinero que haya dejado de percibir si tenía una expectativa razonable de hacerlo.

**7) ¿Que dice la Corte Suprema de Justicia?**

Con ocasión del análisis del requisito acerca de que el daño debía ser consecuencia directa del incumplimiento de la obligación, la Corte se pronunció el 3 de noviembre de 1977, en sentencia de casación, poniendo un ejemplo, y formuló, por lo menos para el ejemplo, una inversión de la carga probatoria en el tema de la responsabilidad médica; dijo la Corte:

> *"Esta condición o requisito del daño aparece de suyo en el proceso. Si el paciente fallece, valga de nuevo el ejemplo, y sus herederos afirman que el médico obligado a tratarlo suspendió o disminuyó sus servicios desde determinado momento, no puede exigírseles que demuestren que el fallecimiento de su causante se produjo precisamente por la supresión o disminución del tratamiento. Es el médico a quien corresponde demostrar, ora que sí prestó competentemente sus servicios hasta el final, ora que no pudo continuar prestándolos por fuerza mayor o caso fortuito, ora que aún el supuesto de haberlos prestado hasta última hora el paciente hubiera fallecido de todos modos"* [2].

Igualmente, en la sentencia de 26 de noviembre de 1986, respecto al mismo tema, la Corte presume la culpa para el evento en que se ha asegurado por

---

[2] G.J. No. 2398, pág. 332.

parte del médico un *"determinado resultado"* y *"no lo obtiene"[3]*.

En la sentencia de 5 de marzo de 1940[4] es donde la Corte empieza a esculpir la doctrina de la culpa probada, pues en ella, además de indicar que en este tipo de casos no sólo debe exigirse la demostración de *"la culpa del médico sino también la gravedad"*, expresamente descalificó el señalamiento de la actividad médica como *"una empresa de riesgo"*, porque una tesis así sería *"inadmisible desde el punto de vista legal y científico"* y haría *"imposible el ejercicio de la profesión"*.

Este, que pudiera calificarse como el criterio que por vía de principio general actualmente sostiene la Corte, se reitera en sentencia de 12 de septiembre de 1985[5], afirmándose que:

> ...el médico tan sólo se obliga a poner en actividad todos los medios que tenga a su alcance para curar al enfermo; de suerte que en caso de reclamación, éste deberá probar la culpa del médico, sin que sea suficiente demostrar ausencia de curación".

Luego en sentencia de 26 de noviembre de 1986,

---

[3] G.J. No. 2423, págs. 359 y s.s.
[4] G.J. t. XLIX, págs. 116 y s.s.
[5] G.J. No. 2419, págs. 407 y s.s.

antes citada, se ratificó la doctrina, inclusive invocando la sentencia de 5 de marzo de 1940, pero dejando a salvo, como ya se expresó, en el campo de la responsabilidad contractual, el caso, cuando en el "*contrato se hubiere asegurado un determinado resultado*" pues "*si no lo obtiene*", según dice la Corte, "*el médico será culpable y tendrá que indemnizar a la víctima*", a no ser que logre demostrar alguna causa de "*exoneración*", agrega la providencia, como la "*fuerza mayor, caso fortuito o culpa de la perjudicada*".

La tesis de la culpa probada la consolidan las sentencias de 8 de mayo de 1990; 12 de julio de 1994 y 8 de septiembre de 1998.

Ciertamente, el acto médico y quirúrgico muchas veces comporta un riesgo, pero éste, al contrario de lo que sucede con la mayoría de las conductas que la jurisprudencia ha signado como actividades peligrosas en consideración al potencial riesgo que generan y al estado de indefensión en que se colocan los asociados, tiene fundamentos éticos, científicos y de solidaridad que lo justifican y lo proponen ontológica y razonablemente necesario para el bienestar del paciente, y, si se quiere, legalmente imperativo para quien ha sido capacitado como profesional de la medicina, no sólo por el principio de solidaridad social, que como deber ciudadano impone la Constitución[6], sino particularmente, por las *"implicaciones humanísticas que le son inherentes"* al ejercicio de la medicina, como especialmente lo establece la ley[7].

Conforme a lo aquí expuesto se tiene que, según lo establecido por la Corte Suprema de Justicia, en el caso de la responsabilidad de los médicos cirujanos, existe una inversión de la carga de la prueba, lo cual se traduce en que al médico le corresponde probar que el resultado se dio efectivamente, salvo que se demuestre, como lo anota la Corte: Fuerza mayor, caso fortuito o culpa de la victima.

**¿Qué es la fuerza mayor?** Se le puede definir como un hecho imprevisto que no es posible haber sido previsto o resistido, que para el caso médico, por ejemplo, sería la ocurrencia de un hecho de la naturaleza, tal como un terremoto, o la explosión de la planta generadora de electricidad, que pudo llegar a interferir en la continuidad de la cirugía plástica y que por ende generó un resultado adverso.

Señala el Código Civil Colombiano[8] lo siguiente:

---

[6] En su artículo 95.
[7] Artículo 1º parágrafo 1º de la Ley 23 de 1981.
[8] En su artículo 64.

*"Se llama fuerza mayor o caso fortuito, el imprevisto a que no es posible resistir como una naufragio, un terremoto, el aprisionamiento de enemigos, los actos de autoridad ejercidos por un funcionario público etc."*

Veamos entonces qué es el caso fortuito: Mientras la fuerza mayor es un hecho externo de la naturaleza, el caso fortuito, es un hecho producido por el hombre que afecta a una tercera persona.

En el caso de responsabilidad del médico cirujano, se podría considerar, como un ejemplo de fuerza mayor, la explosión de una bomba en un centro comercial aledaño que, como consecuencia, genere una interrupción en el fluido eléctrico con el consecuente daño de la planta eléctrica de reserva, lo cual causa una interrupción en la cirugía, y, en consecuencia, se produce un resultado no esperado en la operación estética.

En este caso es claro que era imposible prever, para el médico cirujano, que explotaría una bomba en el centro comercial contiguo y en el mismo instante de la operación quirúrgica.

Sin embargo, si el resultado deficiente se produce como resultado de la interrupción del fluido eléctrico y el médico, pudiéndolo anticipar no adquirió una planta eléctrica de emergencia, para suplir esa eventualidad, debería responder económicamente.

Igualmente, indica la Corte, que uno de los eximentes de responsabilidad del médico, es decir uno de los casos en los cuales el galeno no debe responder, se presenta cuando la culpa del resultado final lo tiene la victima.
**Veamos un caso práctico.**

Selene acude al médico cirujano  con el fin de que le coloquen un implante mamario de silicona.

Antes de la operación el médico le advierte los riesgos de rotura de estos tipos de implantes y le indica los síntomas, en  el evento en que se pueda presentar alguna complicación, así como la necesidad de adoptar medidas preventivas para evitar las rotura de dichos implantes.

Dentro de los posibles causantes de la rotura de los implantes mamarios, se encuentra la presión generada por la mamografía. El médico le advierte a Selene que al momento de practicarse una mamografía, debe informar previamente al médico que tiene implantes mamarios de silicona,  a fin de que la presión ejercida sea la adecuada y no produzca una rotura de los implantes.

A pesar de lo anterior Selene acude, ocho meses después, a donde otro médico para practicarse una mamografía, y no le comenta que tiene implantes mamarios y a consecuencia de la presión ejercida sobreviene la rotura de uno de los implantes y una filtración de silicona en el organismo.

Posteriormente Selene acude a donde el médico cirujano a solicitarle el reemplazo del implante mamario sin ningún costo y ante su negativa, decide presentar una solicitud de conciliación para solicitar el reembolso del dinero, la colocación de un nuevo implante y los perjuicios causados.

Tal y como lo anota la Corte Suprema de Justicia, la culpa del paciente, exime de responsabilidad al médico. Como inicialmente se puso de relieve, el médico cirujano cumplió con su deber de información y adoptó todas las medidas preventivas para ilustrar a la paciente acerca de los riesgos, los síntomas y la necesidad de informar al médico, antes de practicarse la mamografía, sobre la existencia de implantes.

En este evento se evidencia, claramente, que el médico cirujano actuó en debida forma y de manera diligente, que cumplió cada uno de los protocolos y procedimientos para este tipo de operaciones; sin embargo, Selene, en forma negligente, omitió la instrucción que le fue dada por el médico sobre lo que debía informar antes de practicarse cualquier mamografía.

Según lo anterior tenemos que la culpa de lo acontecido al implante, corresponde en forma exclusiva, a la paciente. No obstante, debe tenerse presente el estado actual de la ciencia, es decir, si el médico quisiere alegar culpa exclusiva de la víctima, deberá demostrar que el estado actual de la ciencia no le permitía, por sus propios medios, indagar y detectar una anomalía en el cuerpo del paciente que le impidiera realizar la mamografia.

## 8) Cirugías plásticas más comunes.

8.1) Aumento de senos. (Mamoplastia)

Indican algunas páginas especializadas en cirugía plástica que los tipos de cirugía para modificar los senos son:[9]

**Aumento mamario**

Implantes mamarios:

*"Los implantes mamarios buscan realzar el tamaño, el contorno y la elevación de los senos de la mujer.*

**Formas de los implantes mamarios**

Las dos formas de implantes que se utilizan para el agrandamiento mamario son redondo y en forma de gota de agua.

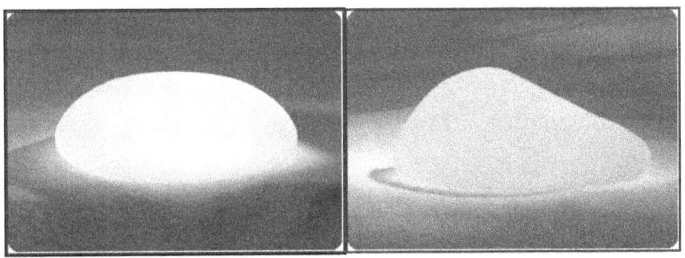

**IMPLANTES MAMARIOS**

---

[9] Docshop.com

# REDONDO & GOTA DE AGUA

## Texturas de los implantes mamarios

La superficie de un implante mamario puede ser lisa o texturizada. En la mayoría de las cirugías de agrandamiento se utilizan implantes mamarios con superficie lisa, dado que son más suaves, presentan un riesgo menor de ondulación y cuestan menos que los texturizados.

## Implantes lisos

Actualmente, los implantes lisos se usan en aproximadamente el 90 por ciento de las cirugías de aumento mamario.

Según los expertos:

*"Un implante mamario liso se puede mover libremente en la bolsa formada por el seno donde se lo coloca. Los implantes lisos suelen tener cápsulas más delgadas que las de los texturizados, lo que los hace más blandos. Algunas de las ventajas adicionales de los implantes lisos son la duración del implante, el menor costo para la paciente y el menor riesgo de ondulación."*

## Implantes texturizados

Los implantes texturizados tienen una superficie externa más áspera a fin de lograr cohesión entre el implante y el tejido que lo rodea. Originalmente se creía que la superficie texturizada de un implante podría reducir la posibilidad de contractura capsular, una posible complicación de los implantes mamarios. No obstante, dado que la evidencia no es clara y que no existe consenso respecto de si un implante mamario texturizado realmente reduce la posibilidad de contractura capsular, muchos médicos prefieren utilizar los implantes lisos, redondos. Los implantes lisos con frecuencia se colocan debajo del tejido muscular, para evitar la contractura capsular.

## Posibles complicaciones después de la cirugía

Dentro de las complicaciones rotura de los implantes mamarios, contractura capsular, ondulación, desplazamiento e infección.

## Contractura capsular

Es parte de la respuesta natural del cuerpo formar una capa de tejido cicatrizal alrededor del implante mamario cuando cicatriza. A este tejido cicatrizal se lo llama cápsula. Sin embargo, cuando la cápsula comienza a contraerse, genera presión sobre el nuevo implante y provoca dolor, endurecimiento del seno y distorsión de su forma. Puede suceder en un seno o en ambos. Existe alguna evidencia que sugiere que la contractura capsular puede evitarse colocando el implante mamario por debajo del músculo del pecho en vez de por encima de él. El grado de contractura capsular de una paciente se mide según la escala de Baker. En el grado uno, el seno está blando y parece natural, lo que significa que no existe una contractura capsular notable y todo está bien. Un seno grado dos está algo más firme de lo que debería, pero se ve normal. No se justifica una cirugía durante esta etapa, pero puede ser una señal de que la cápsula está comenzando a contraerse, y será necesario controlarla. El grado tres es el punto en el que el seno está muy firme y ha comenzado a verse anormal. Cuando la contractura es grado cuatro, el seno está duro, duele y no se ve natural. Para reparar los implantes mamarios cuando la contractura es grado tres o cuatro en la escala de Baker es necesaria una cirugía. El cirujano puede hacer una capsulotomía abierta, que implica abrir al seno y cortar el tejido capsular para aflojar la cápsula, o una capsulectomía, que es la extracción de todo el tejido capsular.

Se desconoce la razón de la contractura capsular. Algunos sostienen que utilizar un implante con superficie texturizada o colocarlo bajo la pared torácica reducirá las posibilidades de contractura capsular, pero esta teoría no ha sido probada ni descartada.

## Ondulación

Otro de los riesgos y complicaciones comunes de los implantes mamarios es la ondulación. La ondulación se produce cuando el material de relleno del implante se mueve dentro de él y permite la formación de arrugas o pliegues en la cápsula externa que resultan en la formación de un bulto, una ondulación o una zona más baja que se pueden tocar y a veces ver en la superficie del seno. La ondulación es menos común en ciertos tipos de implantes mamarios, incluidos los implantes lisos, los de gel de silicona y los que se colocan bajo el músculo del pecho.

La visibilidad externa de un implante mamario depende del grosor y la calidad de la piel de la paciente. Si el implante es grande o si hay poco músculo o tejido graso para ocultarlo, cualquier ondulación que se produzca será más notable. Es más probable que las ondas aparezcan en el lado externo del seno, a lo largo de la parte inferior y hacia el escote.

## Infección

Las infecciones son un riesgo grave que puede presentarse en cualquier tipo de cirugía, incluido el aumento mamario. Cuando se presenta, por lo general lo hace dentro de una a seis semanas después de la cirugía. La mayoría de las infecciones se pueden tratar con antibióticos. No obstante, en algunos casos, es posible que se deba reemplazar el implante. La infección debe estar curada (puede llevar varios meses si es grave) para poder reemplazar el implante. Se sabe que las infecciones aumentan la probabilidad de que se produzca una contractura capsular.

Entre los síntomas de infección se incluyen fiebre, sensibilidad, enrojecimiento e inflamación. Para evitar infecciones, las pacientes con aumento mamario no deberán sumergir sus incisiones en un baño de inmersión, una piscina u otro cuerpo de agua hasta que los senos hayan cicatrizado por completo. También deberán evitar tocar las incisiones o poner algún producto, como lociones o desodorante, en contacto con el área de la sutura. Es importante mantener esta área limpia durante todo el proceso de cicatrización.

## Hematoma

Un hematoma es un acumulamiento de sangre dentro de un tejido, un órgano o una cavidad del cuerpo. El caso más común de hematoma es un moretón. Aunque normalmente pensamos en el moretón como un tipo menor de lesión, pueden desarrollarse problemas graves en función de la gravedad y de la ubicación del hematoma. Los hematomas que se presentan después de la cirugía de aumento mamario pueden contribuir a que surjan problemas con los implantes, como contractura capsular e infección.

Los hematomas normalmente se presentan al poco tiempo de la cirugía, pero también pueden producirse más adelante. Si bien algún grado de hematoma posquirúrgico es normal y el cuerpo puede absorber pequeños hematomas, los más grandes requieren drenajes quirúrgicos para que la cicatrización sea adecuada. El drenaje quirúrgico debe hacerse con cuidado dado que la inserción de los tubos puede producir daños que resulten en la rotura de los implantes mamarios.

## Cambios en la sensación del seno y entumecimiento del pezón

El desplazamiento o la interrupción de los canales nerviosos durante la cirugía mamaria pueden afectar temporal o permanentemente la sensación en los pezones y en los senos. La sensación puede aumentar, debilitarse o, en ocasiones, desaparecer. Estos cambios en la sensación del pezón y el seno pueden afectar la respuesta sexual o la capacidad de amamantar a un bebé. En mayo de 2000, un estudio de la Administración de Drogas y Alimentos (FDA, por su sigla en inglés) sobre implantes rellenos de solución salina reveló que a los cinco años, el 10% de las mujeres informó una sensación intensa en los pezones, mientras que otro 10% indicó pérdida de sensación en el pezón.

A pesar de que rara vez las mujeres que se someten a un aumento mamario experimentan serios riesgos y complicaciones relacionados con los implantes, como el entumecimiento permanente de los pezones, la sensibilidad o entumecimiento temporales constituyen un efecto secundario posperatorio común que por lo general dura entre varios días y un par de meses y luego desaparece gradualmente a medida que los nervios comienzan a cicatrizar.

### Desplazamiento

El desplazamiento es un trastorno raro en el que el implante se corre de la posición deseada. Cuando ocurre, normalmente es dentro de los primeros días siguientes a la cirugía y puede corregirse con otra cirugía. El desplazamiento de los implantes mamarios se produce con mayor frecuencia en aquellas mujeres con implantes muy grandes o en casos en los que se ha utilizado una técnica de colocación poco común".

## *CASOS EXPLICATIVOS DE ERRORES MEDICOS EN LA MAMOPLASTIA.*

De acuerdo a lo explicado con anterioridad, vamos a dar a conocer varios ejemplos, para entender como se generan los errores médicos al colocar diferentes tipos de tipos prótesis mamarias, revisando los riegos para cada tipo de cirugía.

## EL AUMENTO DE SENOS CON IMPLANTES MAMARIOS LISOS Y TEXTURIZADOS

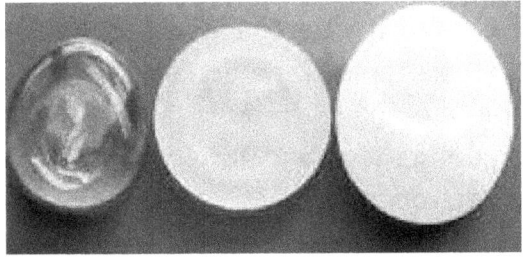

Tal y como se precisó, existen dos tipos de implantes mamarios, los cuales denotan, en cada caso, ventajas y desventajas desde el punto de vista estético, los cuales generan posibles riesgos dependiendo de las complicaciones que se pueden presentar.

Así por ejemplo, si el cirujano plástico decide que la mejor opción para la paciente lo constituye la colocación de un implante liso o texturado; deberá informarle, en debida forma, los beneficios y riesgos de los implantes mamarios texturizados y lisos, las complicaciones que se pueden generar y la existencia de estudios que sugieren los inconvenientes o riesgos de cada uno de estos, incluyendo las contingencias actuales por contractura capsular, ondulación, infección, pérdida de sensibilidad en el pezón entre otros.

Igualmente constituye un deber del médico, adelantar todas las medidas preventivas e instructivas necesarias para que la paciente y sus familiares conozcan en forma detallada los síntomas que se pueden presentar en cada una de las complicaciones, durante etapa posterior a la operación; conocida comúnmente como fase de recuperación o periodo post-operatorio.

Lo anterior, en razón a que el periodo de recuperación se lleva a cabo, en su gran mayoría, fuera de las instalaciones hospitalarias; información, cuya finalidad es que la paciente pueda acudir al médico oportunamente, una vez advierta que se presenta un síntoma que pueda degenerar en complicación médica.

Ahora bien, en el evento en que el médico cirujano decida colocar una prótesis lisa y omita su deber de informar las posibles complicaciones y riesgos potenciales, según la literatura existente, se puede considerar que el consentimiento o la voluntad del paciente se encuentra afectado o viciado y por ende el documento eximente de responsabilidad del médico, ante un deterioro de la salud denominado consentimiento informado, no tiene ninguna validez y en consecuencia es como sino se hubiese firmado.

Así, entonces, si la paciente llegaré a presentar alguna afección de salud por contractura capsular, la cual, según se evidencia podría haber sido evitada al colocar un implante mamario texturizado, deberá el médico reparar el daño causado, a consecuencia de la omisión de información completa al paciente.

De lo anterior se deriva lo siguiente: Si bien es cierto, no existe evidencia que demuestre que el implante mamario texturizado hubiera evitado la ocurrencia de una contractura capsular, sí resulta claro que la paciente tenía el derecho a conocer los riesgos y beneficios de cada uno de los implantes, para que con base en ese conocimiento, pudiese libremente expresar su voluntad y escoger alguno de los dos.

Veamos un ejemplo de negligencia médica derivada de la omisión de información:

Anita después de 4 años de ahorro en su trabajo, ocupando el cargo de secretaria ejecutiva, decide acudir el médico cirujano para un aumento de senos mediante implantes mamarios.

Con el fin de poder recuperarse en debida forma, Anita decide no tomar sus vacaciones durante estos 4 años, a lo cual accede la empresa, y así poder tomarse dos meses para reestablecerse de esa operación.

Para llevar a cabo su cirugía, y como no desea correr riesgo alguno, decide acudir a un centro estético reconocido, y por ende acude al que tiene la publicidad más llamativa en la revista más famosa de farándula. Anita reúne sus ahorros y además solicita un préstamo para que le coloquen el mejor implante mamario para evitar cualquier riesgo.

En la cita médica el cirujano le recomienda colocarse un implante liso y le indica que esa clase es  la más utilizada, por ser esta la más suave y agrega que el 90% de las cirugías de aumento de senos se realiza con implantes mamarios de este tipo.

Ante tal explicación Anita le dice al médico que le coloquen el mejor implante posible, ya que ella no quiere correr ningún riesgo, dado que solamente tiene dos meses de permiso para volver a su trabajo; Anita, pues, pone su absoluta confianza en el médico cirujano y sus modernas instalaciones y decide que le practiquen la operación quirúrgica.

Pero acontece que el médico omite informarle a Anita que existe la posibilidad de colocarle un implante texturizado y omite informarle las posibles complicaciones que pueden presentarse por contractura capsular. Tampoco le informa los síntomas que pueden generarse en la etapa de recuperación, en el evento de presentarse contractura capsular.

Una vez realizada la operación quirúrgica, Anita duerme la primera noche en la clínica y posteriormente, por orden del médico la envían a recuperación a su casa.

Transcurrido dos semanas de la operación, Anita observa un hematoma grande en la zona de la operación, pero no le da relevancia ya que el médico le había informado que dichos moretones eran comunes en este tipo de intervenciones y que serían absorbidos por el cuerpo, desapareciendo con el tiempo.

Después de cuatro semanas, se presenta una fuerte infección, ante lo cual Anita decide acudir al médico, quien le informa que debe tomar antibióticos inmediatamente, ya que se ha producido una contractura capsular y debe retirar el implante mamario y reemplazarlo. El médico le informa que primero debe curarse totalmente de la infección pero que no se preocupe que él le da garantía y le reemplaza el implante mamario por un implante mamario texturizado.

Ante el sufrimiento padecido por la infección, por el dolor causado, como resultado de la contractura capsular Anita le ruega al médico que le busque otra solución, pero que no le vuelva a hacer pasar por otra operación y por otro periodo de recuperación ya que no lo resistiría. Igualmente le indica que no ha descansado durante cuatro años para poder tomarse dos meses para recuperarse y no podría tener otro periodo de recuperación ya que perdería su trabajo.

El médico le informa que desafortunadamente debe esperar primero un mes, mientras desaparece la infección, tomando antibióticos y posteriormente sí puede proceder a reemplazar el implante mamario. Igualmente le indica que él le reemplaza el implante mamario pero ella debe pagar nuevamente los costos de la clínica.

Ante esa situación, el sentimiento de indefensión y la necesidad del reemplazo de los implantes, Anita accede a someterse a una nueva operación, no sin antes firmar un documento elaborado por un abogado que dice "transacción" en donde renuncia a cualquier reclamación económica, judicial, ética o penal en contra del médico.

Le vuelven a practicar la operación estetica y a pesar de que trata de informarle a su jefe la complicación ocurrida en la operación quirurgica que le practicaron, la empresa le informa que no le pueden hacer valer una incapacidad por dos meses adicionales, que dura el periodo de recuperación, ya que se trata de una intervención estetica realizada por su propia cuenta y riesgo y no como consecuencia de una enfermedad: Anita pierde su trabajo sin derecho a indemnización. Se queda sin trabajo, sin indemnización, con una obligación bancaria y nunca reclama reparación al médico que la operó ya que tenía la convicción de haber firmado un documento que se lo prohibía.

Anita sufre constantes ataques de pánico, no puede conciliar el sueño y se encuentra sumida en una depresión constante...Le jura  a sus familiares y amigos nunca volver a donde un médico cirujano. Después de dos años Anita sufre de dolores en su seno derecho y pérdida de sensibilidad. A pesar de lo anterior no acude al médico por temor y posterga su revisión.

Veamos entonces qué errores médicos se presentan en este caso y que derechos tiene Anita.

## Omisión de informar

Tal y como ya lo hicimos notar, el médico cirujano tenía la obligación de informarle a Anita que existían dos tipos de implantes mamarios, el listo y el texturizado. Tenía la obligación de informarle que el implante texturizado era mas costoso, pero existían alguno estudios clínicos que sugerían que reducían los riesgos de la ocurrencia de contractura capsular.

Igualmente el médico ha debido informar a Anita que si presentaba un hematoma debía acudir a revisión en forma inmediata ya que podía degenerar en una infección y posteriormente derivar en una contractura capsular que ocasionara el reemplazo mamario.

Revisemos las etapas que confluyen en el deber de informar del médico.

1) La etapa preparatoria: incluye información del tipo de cirugía e información de los posibles riesgos.

2) La etapa post-operatoria: envuelve el deber de suministrar Información completa sobre los posibles síntomas que podrían revelar la presencia de una complicación.

Tal y como se observa, el médico cirujano no le suministró a Anita información completa que le permitiera decidir qué tipo de implante mamario se colocaría antes de optar por permitir la operación, y segundo, tampoco el cirujano cumplió el deber de adoptar las medidas preventivas suficientes para que ella pudiese anticipar la ocurrencia de una complicación médica a tiempo.

El galeno omitió informarle a Anita los síntomas que pudiesen indicar la existencia de una complicación, a fin de que acudiese en forma oportuna, a revisión y evitar la infección.

Se tiene así, que las dos omisiones, por parte del médico, hacen que el documento inicial, en el cual Anita exime de cualquier tipo de responsabilidad al médico cirujano, no tiene ninguna validez y por ende es como si no existiera, y segundo, la omisión del facultativo en adoptar medidas preventivas, para evitar que se produjera una complicación, a consecuencia de  no anticipar los posibles síntomas que podrían ocurrir, denotan claramente un caso típico de negligencia en donde el médico podía evidentemente  prever un hecho fácilmente previsible por cualquier medico en sus mismas condiciones.

Por tanto, el médico no solamente responde por los actos preparatorios y el procedimiento quirúrgico propiamente dicho, sino que responde por la prevención y cuidado en la  etapa post-operatoria.

Veamos entonces: en el caso de Anita, a pesar de que al médico no se le endilga un error dentro de la intervención quirúrgica, sí se evidencia la ocurrencia de un error grave por omisión en su deber de información.

**Ahora ¿por qué se considera que el médico es responsable y tiene por consiguiente el deber de reparar económicamente a Anita si este le dio garantía y le reemplazó los implantes mamarios, inclusive por uno texturizado que se sabe son mucho mas costosos, más la inversión en su valiosa mano de obra y su costoso tiempo, y a pesar de que también existe un documento realizado por un experto abogado en donde dice "transacción" y en donde dice claramente que Anita no tiene derecho a reclamar suma alguna?.**

**Veamos:** Se ha de tener en cuenta un primer punto: el cuerpo de Anita no es un electrodoméstico, es decir, que no es sujeto de garantía. El ser humano no tiene disposición absoluta sobre su cuerpo, y la medicina estetica no puede actuar en contravía del derecho a la integridad física de los pacientes y por vinculación directa con el derecho a la vida, la cual se puede encontrar en peligro por consecuencia directa ante una posible complicación.

En primera instancia, Anita acudió al médico confiando en su pericia, conocimiento y destreza, en segundo lugar, la manifestación de su voluntad ante la práctica de una intervención quirurgica, obedecía a la confianza y seguridad que tenía de realizarse una intervención estética sin ningún tipo de complicación y bajo la percepción de que estaría reestablecida y trabajando nuevamente en el lapso de dos meses, después de su recuperación.

Anita jamás asumió internamente la posibilidad de realizarse nuevamente una intervención quirurgica y someterse a otro periodo de recuperación. Esta posibilidad no le fue informada expresamente por el médico.

Premisas estas que conducen a lo siguiente: Anita no tenía la obligación de asumir la posibilidad de una segunda operación y una segunda recuperación.

En consecuencia, es evidente que solamente Anita debería asumir la posibilidad de una segunda operación en el caso de una complicación, en el evento en que a esta le hubiesen informado en forma, clara, expresa y detallada, los peligros, riesgos y las medidas preventivas para evitar la ocurrencia de infecciones derivadas de hematomas.

**La renuncia a todo mediante el contrato de transacción**

Veamos en qué consiste el famoso contrato de transacción que firmó Anita para que le quitaran el insostenible dolor, mediante el reemplazo del implante mamario:

Un contrato de transacción, es un instrumento jurídico por medio del cual se termina o se evita un posible conflicto. Según s observa, Anita firmó un contrato para evitar un conflicto, renunciando a demandar al médico en el futuro.

La pregunta es: **¿Son validos estos contratos? La respuesta es clara, sí. Siempre y cuando sean el resultado de la manifestación expresa de la voluntad de las partes contratantes y además, no exista ninguna interferencia o vicio que afecte la voluntad libre y espontánea de las partes?**

**¿Cómo así: libre y espontánea?** dicen los expertos que libre y espontánea quiere decir, sin la existencia de error, fuerza o dolo (mala fe).

**Veamos el caso de Anita:** ella firmó el contrato de transacción emitiendo su voluntad ¿en forma libre y espontánea? Todo parece indicar que no: Anita tenía un dolor insufrible, insoportable e insostenible y tenía una afectación a su integridad física de carácter inminente. Es claro que la imposición de firma de un contrato, renunciando a derechos económicos so pena de continuar sufriendo un dolor insostenible, o en su defecto verse avocada a la posibilidad de que el médico no accediera a reemplazarle el implante liso por el implante mamario adecuado, constituía un constreñimiento manifiesto.

Ante ello se tiene que cualquier acto que afecte la voluntad de Anita, hace presumir, en forma tajante, que el contrato de transacción no tiene validez alguna y, por consiguiente, se considera como si nunca hubiera existido.

La obligación de firma del contrato de transacción, por parte de Anita en esas circunstancias, es como si le hubiesen apuntado con un arma de fuego, para que lo suscribiera, lo cual es a todas luces ilegal.

Ahora bien vamos a la reparación.

**¿A qué tiene derecho Anita?**

Según se explicó con antelación:

1) El médico es responsable por las omisiones de información y por no adoptar las medidas preventivas para evitar que se produjera la complicación.

2) Anita no ha renunciado a demandar al médico y a solicitar el pago de perjuicios econó-

micos, ya que el contrato de transacción no tiene validez.

Entonces **¿a qué tenía derecho?**

.

1) A que le practicaran nuevamente la operación sin ningún costo.

2) A que le reintegraran el valor que pagó por la clinica.

3) A que le reembolsaran el dinero inicialmente pagado por la operación.

4) A que le pagaran por el daño psicológico que le causaron.

5) A que la indemnizaran por haber perdido su trabajo.

**¿De cuanto dinero hablamos?** Sobre este tema se volverá, al explicar la cuantificación de los perjuicios.

## LOS IMPLANTES DE SILICONA Y
## LOS IMPLANTESDE SOLUCION SALINA.

Según indica la bibliografía médica existen dos tipos básicos de implantes mamarios:

**"Rellenos de los implantes mamarios: Implantes de silicona**

Los implantes mamarios de silicona están hechos de una cápsula de silicona rellena con gel de silicona. En el pasado, estos implantes eran comunes; sin embargo, se los sacó del mercado en 1992 debido a varias preocupaciones sobre la salud, en particular, por filtraciones y rotura de los implantes, y como consecuencia, los implantes mamarios de solución salina pasaron a ser la norma.

Después de que se desacreditaron, ciertos reclamos médicos contra la seguridad de los implantes de silicona —y de que se resolvieron otros problemas con materiales más durables para las cápsulas—, la FDA levantó la prohibición de los implantes mamarios de silicona, en noviembre de 2006. (Los implantes de gel de silicona cohesiva aún no están permitidos para uso general pero se están evaluando en pruebas clínicas). Hoy en día, las mujeres pueden elegir entre los tipos de implante de solución salina y de silicona para su aumento mamario.

## Ventajas de los implantes mamarios de silicona

La mayor ventaja de los tipos de implante mamario de silicona, con respecto a los de solución salina, quizá sea el aspecto y la sensación más naturales que proporcionan. El gel de silicona tiene una consistencia que se asemeja mucho a la del tejido mamario natural, por eso, con frecuencia, no es posible darse cuenta de la presencia de los implantes, en especial si se los ha colocado en forma submuscular, además, la viscosidad del gel de silicona hace que la ondulación, que a veces aparece en los implantes mamarios de solución salina, sea mucho menos frecuente. Debido a esto, las mujeres muy delgadas o que necesitan cirugía de reconstrucción mamaria alcanzan resultados mucho más favorables con los implantes de silicona.

## Desventajas de los implantes mamarios de silicona

En comparación con los tipos de implante de solución salina, los de silicona tienen como desventaja, el riesgo de que la rotura no se detecte.

Cuando el de solución salina se rompe, el resultado se observa de inmediato; la solución salina se disipa con rapidez y el implante colapsa, en cambio, cuando colapsa uno de silicona, la silicona puede filtrarse desde el implante pero permanecer en la cavidad que lo sostiene, lo que hace difícil la detección de la rotura.

La incidencia de contractura capsular es más elevada para los implantes mamarios de silicona que para los de solución salina, además, y debido a que vienen prellenados, requieren de una incisión más grande para su colocación y son, significativamente más costoso que los de solución salina.

### Implantes mamarios de solución salina

Debido a la prohibición de los implantes de silicona, promulgada por la Administración de Drogas y Alimentos **(Food and Drug Administration, FDA)** de los EE.UU., desde 1992 hasta noviembre de

2006, en los Estados Unidos se utilizaron casi exclusivamente implantes mamarios de solución salina.

Ahora que la FDA ha levantado la prohibición y pueden adquirirse ambos tipos de implantes, las mujeres tienen más opciones para la cirugía de aumento. Aunque algunas personas creen que los implantes mamarios de silicona son más suaves y naturales, los últimos implantes de solución salina son suaves y muy duraderos. El tamaño de los implantes mamarios de solución salina oscila entre 120 cc y 850 cc.

## Ventajas de los implantes mamarios de solución salina

Una gran ventaja de los implantes mamarios de solución salina, sobre los tipos de implante de silicona es la seguridad. La Administración de Drogas y Alimentos **(Food and Drug Administrativo, FDA)** prohibió los implantes de gel de silicona en 1992 debido a informaciones de que las filtraciones de silicona causaban graves problemas de salud en algunas pacientes; con los implantes de solución salina, esto no es una preocupación. Si se produjera una filtración o rotura, el cuerpo humano absorbería fácilmente la solución salina, que es básicamente agua salada. Además, en el caso del implante de solución salina, la rotura es evidente casi de inmediato debido a que el implante se desinfla rápidamente. Cuando se rompe un implante mamario de silicona, éste puede filtrarse sin que se aprecie ninguna diferencia en el aspecto de los senos.

**Desventajas de los implantes mamarios de solución salina**

Dado que se llenan con agua, tienden a ondularse más que los implantes de gel de silicona. Esto es particularmente cierto en el caso de las mujeres delgadas que tienen menos tejido mamario para cubrir los implantes, las pacientes de cirugía reconstructiva y las mujeres con colocación subglandular de los implantes mamarios.

Los implantes mamarios de solución salina también presentan riesgos de contractura capsular. La contractura capsular es una posible complicación de los implantes mamarios, en la que se forma tejido cicatrizal alrededor de los implantes y los oprime. Como consecuencia, los senos se endurecen.

**Rotura de implantes mamarios**

Tanto los implantes mamarios de solución salina como los de silicona pueden romperse y filtrar. Los implantes mamarios rotos, que están rellenos de solución salina se desinflan con bastante rapidez y los senos se reducen en un día o dos. La solución salina, que se filtra hacia el cuerpo, a través de un orificio en la cápsula del implante o de una válvula defectuosa, es inocua y el cuerpo la absorbe fácilmente. En la mayoría de los casos, el implante roto se reemplaza con facilidad.

Los implantes mamarios de silicona, pueden no mostrar ningún signo de haberse roto; dado que el gel de silicona es espeso, puede permanecer dentro del implante, incluso después de que se haya fisurado, o filtrarse muy lentamente hacia el seno. Las filtraciones de silicona se clasifican en tres categorías:

• **Intracapsulares:** cuando la silicona permanece dentro de la cápsula fibrosa que rodea al implante.

• **Extracapsulares:** cuando la silicona se filtra hacia el tejido mamario fuera de la cápsula.

• **Migratorias:** cuando la silicona se traslada a otras áreas del cuerpo.

Las filtraciones migratorias ocurren muy rara vez y

no hay evidencias que sugieran que la silicona provoca alguna afección grave. Sin embargo, las mujeres con implantes mamarios de silicona deberían hacerse estudios por resonancia magnética para verificar que no haya rotura en los implantes. Existen varios factores que pueden aumentar las probabilidades de rotura de los implantes mamarios. Éstos incluyen:

• Daño por instrumental quirúrgico.
• Manipulación excesiva durante la cirugía.
• Compresión durante una mamografía.
• Traumatismo o presión física intensa.
• Contractura capsular grave.
• Apilamiento de implantes (varios implantes en una sola bolsa).
• Desgaste normal causado por la edad.

Veamos un caso de error médico por negligencia en la colocación de implantes de silicona y de solución salina.

Pilar, asesora de ventas de 37 años, acude a donde el médico cirujano, solicitando la colocación de "implantes mamarios de silicona".

Pilar es enfática en este tema porque aunque sabía que dichos implantes eran más costosos, los prefería pues había investigado en Internet en un prestigioso portal médico una información que indicaba que las prótesis mamarias de silicona eran mas adecuadas por su tipo de fisonomía, en virtud de que ella era una persona muy delgada. Igualmente encontró que eran más duraderos, el aspecto y la sensación eran más naturales y tenían una consistencia que se asemejaba mucho a la del tejido mamario natural.

El médico cirujano práctica la cirugía sin ninguna complicación y Pilar se va para su casa feliz.

Transcurridos dos años, Pilar asiste a donde otro médico cirujano para practicarse una cirugía de nariz (rinoplastia) y aprovecha para realizarse una revisión de los implantes mamarios.

Una vez realizada la valoración el médico le dice que "los implantes de solución salina" se encuentran bien.

Extrañada, Pilar le pregunta al médico, si está seguro de que los implantes eran "de solución salina" ya que ella había contratado unos implantes de silicona. El médico revisa nuevamente y constata la información.

Decepcionada y muy molesta Pilar acude a donde el médico que le practicó la cirugía de aumento de senos, le reclama la devolución de su dinero y el reemplazo sin ningún costo de los implantes mamarios. Ella le manifiesta que su solicitud había sido explicita de colocarle unos implantes de silicona, en virtud de su tiempo de duración y su suavidad.

El médico se niega rotundamente a reemplazarle los implantes, y le indica que los implantes mamarios de solución salina eran de tecnología de punta, constituían el último avance, duraban lo mismo que los de silicona y además eran también suaves, además generaban menos riesgos. Igualmente le manifiesta en tono burlón que ella nunca se hubiera percatado si otro médico no le dice.

Ante la anterior negativa, y ante las palabras y actitud desobligante del médico cirujano, Pilar decide acudir ante un abogado para reclamar mediante una solicitud de conciliación la devolución de su dinero, la colocación sin ningún costo de los implantes de silicona, y los perjuicios económicos por concepto del daño moral.

En la solicitud de conciliación, los abogados del médico cirujano aducen que el término para demandar se encuentra vencido y que el resultado prometido fue el obtenido, no se advierte ningún acto negligente y la operación se desarrolló con suficiente pericia. Igualmente se advierte que no existe ninguna complicación, los senos quedaron simétricos y suaves, muy semejantes a los naturales y además no se evidencia, ni existe prueba de ningún daño de carácter psicológico. El médico cirujano aduce que la solicitud obedece a un simple capricho de Pilar a quien le fascina realizarse intervenciones esteticas para poder ostentar ante sus amigas.

En opinión de la firma NISIMBLAT ABOGADOS, en este caso, si bien se evidencia que el resultado obtenido fue realmente el prometido, que los senos quedaron con una simetría perfecta, suaves y nunca se presentó una complicación, resulta evidente que no se cumplió con lo contratado. Pilar celebró una contrato explicito en donde solicitó que le colocaran unos implantes mamarios de silicona y no de solución salina.

De tal manera que si no existen evidencias acerca de que los implantes de silicona generan un daño para la salud de Pilar, y si el médico cirujano en su momento no se negó a colocarlos, por considerar que era posible y recomendable según su fisonomía, colocar los implantes mamarios de silicona, no podía posteriormente en forma oculta, colocar un implante mamario de solución salina.

Si el médico cirujano consideraba que los nuevos implantes de solución salina constituían una mejor opción para Pilar, por el tipo de avance y los menores riesgos que se presentaban, debió informar de dicha situación, previamente, a Pilar, o en su defecto dejar constancia en el contrato de servicios, de dicha advertencia.

En el caso de Pilar es claro que el médico cirujano incumplió el contrato y está obligado a indemnizar por su incumplimiento.

Frente al término para demandar tenemos que, como se advirtió con antelación, nuestra posición nos indica, que el año que se tiene para demandar comienza a contarse desde el momento en el cual Pilar tuvo conocimiento del incumplimiento, es decir desde el momento en que el segundo médico cirujano le advirtió de dicha situación.

Ahora bien, es importante señalar en la audiencia de conciliación, que la actitud del médico no solamente constituye un incumplimiento contractual sino que configura un posible delito de estafa.

Pero **¿cómo así estafa, si a Pilar le quedaron bien sus senos, suaves y sin complicaciones?**

El delito de estafa se configura por el engaño; por

inducción al error a la paciente, por haberle colocado unos implantes de solución salina cuando lo contratado era la colocación de implantes de silicona; la mala fe del médico cirujano, se deduce de la omisión voluntaria y con pleno conocimiento de que el tipo de implante que le inserto a Pilar no fue el contratado; y que como consecuencia de ese medio engañoso obtuvo un beneficio económico, el cual se tradujo en el pago de una cirugía estética con unos implantes no pactados.

Pilar pagó por un implante y recibió otro. Dicha actitud no es producto de un error del médico sino que fue producto del ocultamiento de un acto, (no colocar los implantes silicona, sino uno de solución salina) fue un hecho premeditado, que si bien no buscaba causar un daño corporal, si buscaba lograr el convencimiento erróneo de Pilar y esto en sí también es considerado un daño.

Entonces **¿A qué estaría obligado el médico cirujano?**

1. A reembolsarle el dinero pagado por ella, incluyendo, los intereses y corrección monetaria (pérdida del valor del dinero).

2. Colocarle nuevamente y sin ningún costo, los implantes mamarios de silicona, si no se

advierte contraindicación alguna o posible complicación.

3.  Pagarle el dinero que dejó de percibir en su trabajo de asesora de ventas, durante el tiempo de recuperación de la primera cirugía y pagarle el dinero que dejó de percibir durante el tiempo de recuperación de la segunda cirugía.

## ¿A qué no tendría derecho?

Si Pilar no sufrió ningún tipo de daño moral y si no se evidencia un daño psicológico, no tiene derecho al pago de perjuicios por este concepto. El daño Psicológico debe probarse con valoraciones psicológicas realizadas por un psicólogo certificado.

## Interferencia en mamografías

Indican páginas especializadas en cirugía plástica lo siguiente:
"No se ha vinculado a los implantes mamarios con un aumento del riesgo de sufrir cáncer de mama, pero los implantes pueden interferir con la detección de un cáncer en una mamografía de rutina.

Los implantes mamarios de solución salina o de gel de silicona, pueden dificultar la visualización de todo el tejido mamario a través del aparato de rayos X y crear la posibilidad de que haya tumores u otras anormalidades que permanezcan escondidos.

Los implantes mamarios, colocados por debajo del músculo, generan menos problemas que los que se colocan justo por debajo del tejido mamario, pero, aún así, pueden interponerse.

Al programar una cita para una mamografía, debe elegir una clínica cuyos técnicos tengan experiencia en los métodos necesarios para obtener mamografías confiables en pacientes con implantes mamarios. Deberá avisar que tiene implantes mamarios cuando hace la cita y también cuando llega para hacerse la mamografía, esto permitirá al experto emplear técnicas apropiadas para lograr un examen confiable y evitar la compresión que puede dar lugar a la rotura de los implantes".

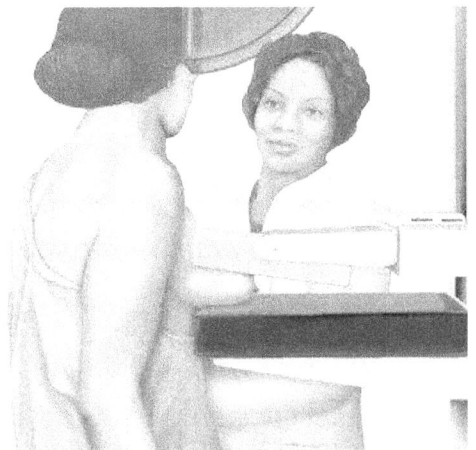

Veamos una falta de detección de cáncer de seno por presencia de implantes en mamografía.

Clarita asiste a donde un médico cirujano para que le coloque unos implantes de silicona.

Una vez revisada la historia clinica, el médico advierte que dentro de la familia de Clarita se han presentado casos de cáncer de mama, en personas que se han colocado implantes mamarios de silicona.

En virtud de que no existen evidencias de que el cáncer de mama, esté directamente relacionado con la colocación de implantes de silicona y bajo el temor de perder el cliente, el médico cirujano decide colocarle a Clarita los implantes de silicona y procede a realizar la intervención quirúrgica.

Los implantes de silicona son colocados justo por debajo del tejido mamario, siendo en este caso más beneficioso la colocación por debajo del músculo, puesto que, por los antecedentes familiares de Clarita, debería realizarse periódicamente mamografías a fin de prevenir y detectar el cáncer de seno.

El médico cirujano se abstiene de proveerle información sobre la necesidad de indicarle a los médicos, al practicarse una mamografía, de la presencia de implantes de silicona.

Ocho meses después de la cirugía, Clarita observa una campaña gubernamental para prevenir el cáncer de seno y acude a donde el médico a fin de realizarse una mamografía.

Al practicarse la mamografía Clarita no informa que tiene un implante mamario en cada seno y el resultado del examen aparece normal.

Dos años después, ante la aparición de un bulto en el pecho con cambio en la forma de la piel, con depresiones y arrugas y con aspecto color naranja, Clarita, decide acudir al médico a practicarse una mamografía. En este segundo caso el médico le pregunta si ella tiene implantes de silicona e indaga sobre los antecedentes de cáncer en su familia.

Una vez realizada la mamografía Clarita le diagnostican cáncer de mama en estado avanzado.

Veamos que indican las páginas especializadas en cáncer de mama:

"El cáncer de mama es el que comienza en el tejido mamario. La mama está formada por una serie de glándulas mamarias, que producen leche tras el parto, y a las que se les denomina lóbulos y lobulillos.

Los lóbulos se encuentran conectados entre sí por unos tubos, conductos mamarios, que son los que conducen la leche al pezón, durante la lactancia, para alimentar al bebé.

El cáncer de mama es un tumor maligno que se desarrolla en este tejido mamario (aunque pueden existir tumores en los tejidos de soporte, pero no son verdaderos cánceres de mama). Si el tumor está contenido en el lóbulo y los conductos, se llama "in situ" o no invasivo. Si las células tumorales salen fuera de los conductos y lóbulos el tumor será invasivo.

Existen dos tipos principales de cáncer de mama, el carcinoma ductal—la más frecuente—que comienza en los conductos que llevan leche desde la mama hasta el pezón y el carcinoma lobulillar que comienza en partes de las mamas, llamadas lobulillos, que producen la leche materna".

Tras un largo tratamiento de radiación de dos años, Clarita logra controlar el tumor invasivo y pierde su seno derecho. Los médicos le informan que si el cáncer se hubiese detectado en forma temprana, no hubiera perdido el seno ya que la invasión del tumor hubiese sido menor.

Cinco años, posteriores a la cirugía Plastica, y ocho meses despues de la extirpación de su seno, Clarita decide acudir a un abogado para solicitar, mediante audiencia de conciliación, los perjuicios causados por el error del cirujano plástico, y el error del médico que le practicó la primera mamografía.

En la audiencia de conciliación, los abogados del médico cirujano aducen que el tiempo para demandar ya venció y que la responsabilidad recae exclusivamente en el médico que practicó la mamografía por primera vez, en virtud de que según su experiencia y los protocolos médicos, en caso de exámenes de mamografía, obligaban al médico a realizarle preguntas sobre antecedentes de cáncer de mama en la familia y segundo, hacerle preguntas para determinar si tenía algún tipo de prótesis mamaria.

Por su parte, los abogados del médico que practicó la primera mamografía, indican que la responsabilidad recae en primera instancia en Clarita ya que esta debió informar previamente antes de la práctica de la mamografía que tenía una prótesis mamaria y que tenía antecedentes familiares de cáncer de mama. Igualmente aducen que si el médico cirujano conocía que Clarita tenía antecedentes familiares de cáncer de mama, debió colocar el implante por debajo del músculo, con el fin de evitar una interferencia en mamografías.

En opinión de la firma **NISIMBLAT ABOGADOS**, tal y como lo hemos venido advirtiendo, el deber de información del médico para con su paciente, constituye una obligación inherente a la practica médica y constituye un derecho para las personas.
El médico cirujano no puede omitir información en la etapa previa a la cirugía estetica ni en la etapa post-operatoria.

Si el médico cirujano advirtió que Clarita tenía antecedentes de cáncer de mama, y si bien no existen evidencias que determinan que la colocación de implantes de silicona causan esta enfermedad, el médico cirujano, por lo menos, debió adoptar las medidas conducentes para que Clarita se realizara en forma periódica, exámenes de mamografía, procurando colocar el implante mamario por debajo del músculo evitando de esa forma una futura interferencia que impidiera detectar el cáncer de mama en forma temprana.

Como se advierte, el médico cirujano en ningún momento quiso poner énfasis en el cáncer de mama, ni mucho menos en las medidas para detectarlo, ya que era evidente que esa postura podría generar alarma en Clarita, y por ende causar la suspensión y el pago del procedimiento estético.

Por tanto, se tiene que el médico cirujano debe responder por haberse abstenido de informar a Clarita sobre la obligación que tenía de dar a conocer, en el evento en que se practicara una mamografía, la existencia de implantes mamarios, para de esta forma evitar una interferencia.

Ahora bien, revisando el caso del médico que realizó la primera mamografía, se puede advertir que si bien, Clarita se abstuvo de informar sobre la existencia de prótesis mamarias, es claro que este hecho no lo libera de responsabilidad.

En la hipótesis puesta a manera de ejemplo, es claro que el médico que practicó la mamografía, era una persona experta, que tenía el deber de preguntar al paciente, si tenía implantes mamarios y si tenía antecedentes familiares de cáncer de mama; dicha obligación es clara, pues se deriva de la diligencia minima exigida a un profesional de la salud.

En este caso se valora la responsabilidad comparando su proceder con el proceder de cualquier otro profesional en las mismas condiciones y con el mismo conocimiento.

La omisión del profesional de la salud que practicó la mamografía, resulta evidente.

En consecuencia y según lo advertido anteriormente se tiene que los dos médicos, tanto el cirujano plástico como el médico que realizó la primera mamografía son responsables.
En cuanto al vencimiento del término para demandar, según lo hemos sostenido a los largo de este libro, se tiene que el año para demandar o prescripción, se debe contar, en nuestro parecer, desde el momento en que a Clarita le extirparon el seno y no desde el momento en que se practicó la cirugía plástica.

## A que tiene derecho Clarita

1) A que le indemnicen por la pérdida de uno de sus senos.

2) A que el médico cirujano le realice una cirugía de reconstrucción mamaria

3) A que se le paguen los perjuicios económicos por dejar de trabajar.

4) A que se le paguen todos los gastos ocasionados en virtud del cáncer de seno.

5) A que se le paguen los perjuicios causados en virtud del daño moral o psicológico.

Es importante señalar que la responsabilidad médica en cirugía plástica también se puede generar en los siguientes eventos.

1) Resultado inesperado por colocación de implantes de diferente tamaño

2) Colocación indebida del implante cuando se trata de mujeres atléticas, delgadas o con exceso de peso.

3) Por asimetría entre los dos senos.

4) Por pérdida de sensibilidad en el periodo de lactancia.

5) Por haber realizado incisiones no contratadas.

6) Por cicatrices no esperadas.

7) Por rotura derivada de implementos quirúrgicos.

## LA GLUTEOPLASTIA

**Veamos la definición de los expertos en el tema:**

"Por medio de esta técnica se logra la mejora de forma y tamaño de la región glútea utilizando prótesis de Silicona rellenas de gel.

**RIESGOS particulares y adicionales de la gluteoplastía, complicaciones específicas del aumento de glúteos con prótesis**

En Cirugía de Implantes Glúteos (Gluteoplastía), el tipo de complicaciones son similares a la cirugía de implantes mamarios: apertura de la herida, infección de la herida, infección de la prótesis, asimetrías por desplazamiento de las prótesis, seroma, encapsulamiento capsular, etc. El paciente deberá tener en cuenta que se considera que la tasa de complicaciones y su frecuencia en las prótesis glúteas es MAYOR que la de las prótesis de mamas debido a la cercanía al orificio anal y por la zona en que se ubican las prótesis con respecto a los movimientos. Para caminar, sentarse o pararse se activa el poderoso musculo Glúteo Mayor debajo del cual está la prótesis. Usualmente las complicaciones se detectan entre el quinto y el décimo día del postoperatorio. De acuerdo a cada caso en particular, el tratamiento puede consistir en la administración de antibióticos específicos que resuelven el problema o la reoperación para quitar las prótesis. Se esperará uno o más meses para recolocar nuevas prótesis, si el caso lo permite, mientras que se recomendará la no recolocación de prótesis en otros casos[10].

**¿Cómo son las prótesis utilizadas para una gluteoplastía o aumento de los glúteos con prótesis?**

Las prótesis de silicona para glúteos, son parecidas a las utilizadas para aumento mamario. Las prótesis poseen en una cubierta externa, cápsula o cor-

---

[10] Ampliar el tema de complicaciones con *"Consentimiento informado de Gluteoplastía"*

teza de silicona sólida flexible rellena en su interior con silicona de alta cohesividad, lo que implica que si la prótesis se rompe o pincha la silicona permanece en su lugar y no se derrama o fuga de su cápsula.

Los casos de migración son muy raros con este nuevo tipo de silicona de alta cohesividad.

A su vez las prótesis glúteas pueden ser de superficie lisa o texturizada (rugosas) y su forma puede ser redonda o anatómica (forma de lágrima).

**¿Qué tipo de anestesia se emplea?**

Anestesia raquídea o anestesia general.

**¿Cuáles son los estudios prequirúrgicos necesarios para hacerse una gluteoplastía?**

Son los que a continuación se indican, y no deben tener más de un mes de antigüedad a la fecha de la intervención.

• Análisis de sangre: hemograma, glucemia, creatininemia, hepatograma, coagulograma, serología HIV.

• Cardiología: ECG y Riesgo Quirúrgico.

**Indicaciones prequirúrgicas obligatorias para aumento de glúteos con prótesis o gluteoplastía:**

• Suspender tabaco 1 mes antes (todos los pacientes fumadores tienen un riesgo incrementado de sufrimiento de la piel de la región operada y retraso de la cicatrización).

• Suspender Aspirina (ácido Acetilsalicílico) 1 mes antes.

• Suspender Vitamina E un mes antes.

• Aplicarse vacuna antitetánica.

Los pacientes anticoagulados deben consultar a su hematólogo para modificar esquema de tratamiento.

**Rellenos con materiales sintéticos o biopolímeros en los glúteos.**

Esta práctica no está avalada por ningún ente regulador de salud. Hay algunos biopolímeros que se pueden utilizar, los cuales varían en sus costos y duración, pero a pesar de que algunos de estos materiales han sido aprobados por los entes reguladores de salud para su uso en rellenos faciales, y para otros fines en regiones específicas del cuerpo, hasta el momento ninguno de los productos y materiales para rellenos aprobados ha sido autorizado o tiene indicación para aumento de glúteos.

Veamos un caso de gluteoplastia.

Claudia, mujer de 34 años de edad, ama de casa, con educación básica hasta 5 de primaria, con el producto de la venta de unos cosméticos multinivel ahorra un dinero durante 4 años y decide realizarse un aumento de glúteos.

Emocionada por unos avisos publicitarios, de un nuevo centro cosmético del barrio, que promociona el aumento de glúteos sin implantes con un valor correspondiente a la cuarta parte que tienen los implantes de silicona, decide solicitar una cita con la cirujana plástica directora del centro estético.

La médica cirujana le indica que le aplicará una nueva sustancia mediante inyecciones localizadas, y le afirma que dicho procedimiento es el último avance de la ciencia y además que dichas inyecciones son mucho más económicas que los implantes de silicona, siendo mucho menos riesgosas por la posibilidad que se genera en los implantes como rotura, filtraciones y complicaciones derivadas de contracturas y desplazamiento.

La médica cirujana no le hace los respectivos exámenes de sangre: hemograma, glucemia, creatininemia, hepatograma, coagulograma, serología HIV. Ni exámenes de Cardiología: ECG y Riesgo Quirúrgico.

Para realizar la intervención quirúrgica, le practican anestesia general y por lo mismo ella no ve que tipo de sustancia le colocan.

Claudia presenta una grave infección en el sitio donde se colocó una de las inyecciones; al percatarse de esto y ante el intenso dolor, Claudia asiste a urgencias, en donde los médicos le informan que aparentemente le inyectaron una sustancia parecida a los biopolímeros, presuntamente se trataba de aceite Industrial.

Muy molesta con la situación, Claudia se dirige al centro estético para reclamar por el engaño del cual fue objeto, y la médica cirujana le indica que el procedimiento que le realizaron es el último avance de la cirugía estética, ya que no requería de incisiones ni implantes de silicona y que además, que con el dinero que ella pagó no podía esperar nada más. Igualmente le manifiesta que ella sabía lo que le estaban colocando porque había firmado un documento denominado "consentimiento informado" en donde decía que ella conocía claramente el tipo de procedimiento que le estaban realizando y los riesgos inherentes a dicha intervención.

Por lo anterior le dice, en forma desobligante, que ahora no fuera a tratar de demandarla porque ella tenía todas las de ganar.

Revisemos este caso:

Tal y como se evidenció y según la bibliografía médica, se tiene que los bioimplantes, biopolímeros, aceite industrial y en general cualquier producto que no se encuentre autorizado por el Estado, no es permitido en la cirugía de Gluteoplastia.

En esta medida, independientemente de las ventajas que aparentemente se generen por la aplicación de este tipo de procedimientos, no pueden ser utilizados, ya que no están permitidos dentro de los protocolos médicos.

De lo anterior se deriva que la cirujana plástica, no puede ampararse en la firma de un documento en donde se le eximiera de responsabilidad por la aplicación de un producto no autorizado por la Ley.
En los contratos es claro que no pueden pactarse cláusulas en donde el objeto mismo del contrato sea ilícito.

Es como si en un contrato se pacta la venta y entrega de un producto alucinógeno, lo cual es totalmente ilegal.

Esta prohibición legal, tiene su fundamento en la premisa de que nadie puede beneficiarse de su propia mala fe y de actos ilícitos.

Se tiene que Claudia, de buena fe, confió en la diligencia, experiencia y conocimiento de la médica cirujana y por tal motivo consideró que la recomendación del médico en inyectarle una sustancia en sus glúteos era un procedimiento idóneo y de última tecnología en la comunidad científica.

Claudia es mujer con escasos estudios y con conocimientos mínimos de la cirugía plástica, no tiene siquiera acceso a Internet y venía desprovista de cualquier tipo de información o investigación sobre el tema.
En este caso es incontrovertible que la recomendación de la médica cirujana, era una verdad absoluta.

Conforme a lo anterior, se tiene que la médica cirujana no podía beneficiarse de su mala fe para exonerarse de responsabilidad frente a una posible demanda o reclamación por parte de Claudia y por lo mismo el documento firmado, denominado "consentimiento informado" no tiene ninguna validez.
En consecuencia se tiene que Claudia tiene todo el derecho a reclamar indemnización de perjuicios por el daño causado, tiene derecho a que le paguen los daños por las lesiones originadas, los perjuicios por los daños morales o psicológicos y el reembolso total de su dinero.

Igualmente, si se demuestra que a Claudia le generaron algún perjuicio frente a su capacidad para relacionarse íntimamente con su pareja, también se debe resarcir dicho daño.

Independientemente de lo anterior, Claudia puede presentar la respectiva queja ante el Tribunal de Ética Médica para que investiguen las posibles faltas disciplinarias de la cirujana plástica, solicitar ante la Secretaria de Salud la imposición de sanciones e inclusive el cierre del centro estético y presentar simultáneamente denuncia penal por lesiones personales y estafa.

La reclamación para lograr la indemnización de perjuicios es recomendable realizarla mediante un abogado experto, a través una solicitud de conciliación.

## LIPOSUCCION

Veamos que dicen los expertos con relación a la liposucción:

La liposucción es el método más popular de cirugía de contorno corporal, porque permite al cirujano esculpir nuevamente áreas específicas del cuerpo.

Con sólo unas incisiones pequeñas el cirujano puede centrarse en los depósitos de grasa rebelde y eliminar, de forma permanente, las células adiposas del área.

Existen métodos diferentes de liposucción, disponibles, y usted y su cirujano analizarán la técnica adecuada para su caso.

**Zonas del rostro y el cuerpo que se pueden tratar con liposucción**

La liposucción funciona mejor en zonas del rostro y el cuerpo que poseen depósitos de grasa rebelde que no se eliminan con la pérdida de peso general, tales como las famosas "llantitas".

Los muslos, el abdomen, los glúteos, los flancos, las caderas, la parte superior de los brazos, la barbilla, la papada y el cuello, generalmente, responden bien al tratamiento.

Los hombres y mujeres también escogen la liposucción para reducir el tamaño de las mamas, un procedimiento que ocasiona menos cicatrices que otros tipos de cirugía plástica.

La liposucción se puede realizar consecutivamente en diferentes lugares; de hecho, muchos pacientes escogen tratarse varias partes del cuerpo durante el mismo día.

## Tipos de liposucción

Existen varios tipos de procedimientos de liposucción disponibles; en todos éstos se utiliza un instrumento en forma de vara, llamado cánula, para eliminar la grasa no deseada. La liposucción tumescente incluye la inyección de una gran cantidad de anestesia en la zona tratada; la técnica mojada y la súper mojada son variaciones de este tipo de liposucción. En la liposucción asistida por ultrasonido (UAL), las ondas de sonido se utilizan para licuar la grasa antes de ser eliminada. La LipoSelection utiliza el mismo concepto sin alterar el tejido circundante. La liposucción asistida por potencia (PAL) emplea una cánula accionada por un motor, que permite al cirujano hacer movimientos más pequeños y que el paciente se sienta más confortable.

## El procedimiento de liposucción

El procedimiento de liposucción básico implica la inserción de un instrumento pequeño en forma de tubo, llamado cánula, a través de diminutas incisiones hechas por el cirujano. La cánula, entonces, rompe y aspira los depósitos de grasa no deseados que se encuentran debajo de la piel. Se utiliza sedación local o IV, según el tipo y cantidad de procedimientos de liposucción a los que se someta. Al igual que con cualquier cirugía plástica, debe prepararse para la liposucción con cuidado y permitirse mucho tiempo de recuperación.

## Riesgos y beneficios de la liposucción

Como cualquier cirugía plástica, la liposucción conlleva algunos riesgos, aunque son poco frecuentes; entre las complicaciones de la liposucción se incluyen infección, daño nervioso, epilepsia y reacciones negativas a la anestesia.

La manera más efectiva de minimizar el riesgo es hacerse un examen físico exhaustivo antes de la cirugía de liposucción. También existe el riesgo de experimentar efectos secundarios adversos, tales como moretones y cicatrices. Por otro lado, los beneficios de la eliminación de grasa y celulitis pueden ser enormes; muchos pacientes informan que han logrado una mejor apariencia, y un aumento en su autoestima y confianza general.

## Cómo mantener la figura luego de la liposucción

Aunque la liposucción elimina una cantidad de células grasas existentes, es garantía de que no recuperará algo de grasa. Es fundamental escoger un estilo de vida saludable después de la liposucción; debe apegarse a una dieta moderada y asegurarse de hacer ejercicio durante al menos 30 minutos, de tres a cinco veces por semana.

## Posibles problemas de la liposucción

Aunque no es frecuente, cualquier tipo de cirugía estética, incluida la liposucción, pueden tener complicaciones. Algunos peligros de la liposucción comprenden infecciones, reacción contra la anestesia, coagulación de la sangre y pérdida de líquido. Los riesgos menos graves de la liposucción comprenden moretones y cicatrices, insensibilidad de la piel y problemas moderados, como cambios en la pigmentación de la piel.

Las complicaciones de la liposucción pueden ser:
• infección
• tiempo de recuperación prolongado
• reacción alérgica a la medicación o a la anestesia
• coágulos de grasa o de sangre: los coágulos pueden migrar hacia los pulmones y provocar la muerte
• pérdida excesiva de líquido: la pérdida de líquido puede provocar shock, y en algunos casos, la muerte
• acumulación de líquido: es necesario que el líqui-

do drene
- quemaduras por fricción
- daño a la piel o a los nervios
- daño a los órganos vitales

## Peligros de la liposucción excesiva

Los peligros más comunes de la liposucción comprenden los riesgos asociados con la eliminación exagerada de grasa de las partes a tratar en una sola sesión, y los asociados con someterse a demasiada liposucción el mismo día. La liposucción excesiva puede causar problemas como melladuras, bultos y piel suelta. A fin de reducir al mínimo las complicaciones quirúrgicas y los efectos secundarios de la sobreexposición a la anestesia, los pacientes deben programar la liposucción múltiple con varios días de diferencia.

## Complicaciones menores

Las complicaciones de la liposucción, que no ponen en riesgo la vida del paciente, comprenden la aparición de moretones, cicatrices, un aspecto con bultos, piel colgante o descolorida, necrosis dérmica focal, desmayo después de la cirugía, insensibilidad e interacciones medicamentosas no letales. Es importante dialogar con el médico sobre todos los problemas de la liposucción, ya que algunos pueden ser graves si no se tratan.

## Complicaciones graves de la liposucción

Las complicaciones graves, asociadas con la liposucción no son frecuentes, pero deben tenerse en cuenta al decidir qué tipo de liposucción es la adecuada para usted. Las complicaciones graves comprenden reacciones adversas a la anestesia, paro cardíaco, arritmia cardíaca, coágulos de sangre internos, pérdida de sangre excesiva, interacciones medicamentosas graves, reacciones alérgicas a medicamentos, daño nervioso permanente, convulsiones y daño cerebral por la anestesia.

## Cómo minimizar las complicaciones

Las complicaciones menos importantes de la liposucción, los problemas y la insatisfacción general se pueden minimizar si se tiene un claro panorama de los riesgos y de los beneficios asociados a estos procedimientos y expectativas realistas.

Las inconvenientes graves se pueden minimizar si le informa a su médico sus antecedentes de salud de manera detallada y todos los medicamentos recetados y de venta sin receta que toma regularmente.

Veamos un caso práctico de liposucción:

Katia ex-reina de belleza, fumadora compulsiva, casada con 32 años de edad, reconocida diseñadora de modas, propietaria, junto con su esposo, de 12 almacenes de alta costura, en donde se comercializan diseños propios bajo el nombre "Katia confecciones" dirigida para altas personalidades del país y el cual tiene ingresos promedio de 400 millones de pesos al mes, con una utilidad promedio de 80 millones por mes y con próxima apertura de 4 locales adicionales en los siguientes dos meses, decide buscar alternativas drásticas para disminuir el contorno de su cuerpo ya que aumento 15 kilos después de su embarazo y no ha podido recuperar su figura.

Desesperada por ser la cara de su propia marca, y en consideración a que tiene tres desfiles de moda para presentar sus nuevas colecciones en dos meses, y teniendo en cuenta que se requiere su presencia como anfitriona para la apertura de sus nuevos locales en Medellín y Cali, decide acudir al médico cirujano para que le practique una cirugía estetica de liposucción y por ese medio recobrar la figura estilizada que la caracteriza.

Katia es consciente que la figura estilizada que la caracteriza es uno de los hechos que inspira a las compradoras por el prototipo de mujer glamorosa bella y emprendedora que ella representa.

Al asistir al médico cirujano le indica que deben programarle, en forma inmediata, la liposucción ya que ella necesita estar recuperada para los desfiles de moda que se realizarán en dos meses, y debe lucir despampanante.

El médico accede, pero le indica que debe realizarle varias liposucciones ya que no es recomendable realizar una sola liposucción para extraer del cuerpo 15 kilos.

A pesar de lo anterior, Katia insiste y le dice que a ella no le importa el costo pero necesita que le quiten 10 kilos en una sola operación, porque no puede esperar, así le cueste mucho más.

El médico accede a realizarle la operación en una semana.

Debido al nerviosismo que le produce la operación, Katia continúa fumando en forma compulsiva, llegando a fumarse hasta dos cajetillas diarias. Igualmente toma aspirina para calmar los dolores de cabeza que se generan por el excesivo trabajo que se presenta antes del lanzamiento de una colección.

Antes de la operación, Katia firma un documento que dice "consentimiento informado". El médico decide realizarle una liposucción tumescente la cual se caracteriza por incluir la inyección de una gran cantidad de anestesia en la zona tratada.

La liposucción se realiza sin contratiempos, extrayendo del cuerpo 11 kilos, 300 gramos y Katia pasa la primera noche en recuperación. Katia se lamenta de unos profundos e intensos dolores y el médico cirujano le dice en tono burlón y descomplicado que no sea llorona que la señora del lado suyo no se queja de nada y acaban de practicarle la misma operación.

El día siguiente sin haber cesado los dolores intensos que padecía, el médico cirujano la envía a su casa, le indica que utilice una faja, tome analgésicos para el dolor y que no se preocupe si la sale un líquido por las incisiones, ya que es normal que la anestesia drene por la herida.

Transcurrido dos días, Katia sufre de unos intensos dolores y sangra profundamente por las heridas, se encuentra totalmente pálida de un color verdoso en la piel y se desmaya. Inmediatamente su esposo la lleva de urgencia al hospital y los médicos determinan que se encuentra desangrada y opinan que es necesario realizar una transfusión de sangre en forma inmediata.

Le preguntan a su esposo el tipo de sangre e indagan si el médico cirujano tomó la precaución de sacarle sangre a Katia antes de la cirugía, mas aún teniendo en cuenta la rareza del tipo de sangre que tenía Katia y la dificultad de encontrar este tipo de sangre en bancos de sangre, por la imposibilidad de encontrar donantes. El esposo le dice que no y transcurrida una hora sin encontrar donantes de sangre, Katia fallece.

Katia deja una niña de 6 años y un niño de 8 años, respectivamente y un esposo desconsolado .

Las aperturas de los almacenes de Cali y Medellín se postergan; se suspenden los desfiles y tras algunos meses el negocio se viene a pique, ya que los clientes más importantes deciden buscar otros diseñadores pues consideran que los diseños personalizados en los almacenes de Katia, ya no son los diseños de su creadora.

Ocho meses, posteriores al fallecimiento, el esposo de Katia, indignado por la falta de precaución del médico y sumido en una tristeza inconsolable, solicita la historia clínica al centro estético en donde a ella le realizaron la cirugía de liposucción. A pesar de lo anterior, y de las insistentes solicitudes verbales y escritas del esposo de Katia, la clínica se abstiene de entregar la historia clinica y decide entregarla seis meses después.

Una vez obtenida la historia clínica, el esposo de Katia, decide reclamar perjuicios al centro estético y al cirujano plástico. En la audiencia de conciliación, los abogados del centro estético y del médico cirujano, indican que el periodo para demandar de un año, venció y que por otro lado ellos estaban asegurados en virtud de los cual, debería entenderse con la aseguradora.

La aseguradora aduce que las pólizas del médico cirujano y del hospital no cubren complicaciones derivadas de la etapa post-operatoria. Igualmente indican que los protocolos médicos obligan a los médicos cirujanos, por precaución, a sacarle sangre a pacientes que se practicaran liposucciones mayores a 5 kilos, en virtud de lo cual no están obligados a pagar.

En opinión de la firma NISIMBLAT ABOGADOS, el caso del ejemplo impone el análisis de varios factores

1) Tal y como se deriva de la literatura médica, arriba relacionada, se evidenció, el médico cirujano debía informarle a Katia que era

obligatorio suspender el consumo de tabaco y de aspirinas durante un mes a la operación, ya que este hábito podía generar complicaciones de falta de coagulación de la sangre.

2) Siendo esto así, el médico cirujano no podía programar una liposucción para antes de un mes, después de la primera visita de Katia.

3) Por tratarse de una liposucción superior a 5 kilos, el médico cirujano tenía la obligación de sacarle sangre a la paciente y guardarla para una eventual complicación.

Ahora revisemos, tal y como se observa, en el comportamiento del médico cirujano se encuentran dos actos omisivos que ponen de manifiesto su error por negligencia y, segundo, podemos revisar que a pesar de que no podía realizar la operación, al conocer que Katia era fumadora y no tenía certeza si había suspendió el hábito de fumar, decidió practicar irresponsablemente la intervención quirúrgica.

Conforme a lo anterior, se tiene que tanto el médico cirujano como el centro estético son responsables y están obligados a pagarle perjuicios a Carlos en calidad de cónyuge sobreviviente de Katia.

Veamos entonces qué sucede con el tiempo para

demandar, "la famosa prescripción". Tal y como se advirtió, al explicar sobre la responsabilidad contractual, se sabe que el tiempo para demandar civilmente, en los casos de cirugía plástica, es de una año, ya que se está en presencia de un contrato. Si bien Carlos presenta la solicitud de conciliación 14 meses después del fallecimiento de Katia, se observa claramente que dicha actitud no obedeció a la voluntad ni al descuido de Carlos, sino que obedeció a la negativa del centro estético de entregar la historia clínica que les fue solicitada a tiempo.

Frente a las historias clínicas, es preciso señalar lo siguiente: El acceso a la historia clínica, por parte del paciente o en su defecto sus familiares, es un derecho ligado estrechamente con el derecho fundamental constitucional a la vida y ningún médico o centro hospitalario puede negarse a entregar dicha historia al afectado o a sus familiares directos.

Si a una persona se le niega este acceso en forma inmediata, esta puede solicitar mediante una demanda en acción de tutela que le sea entregada, por violación directa del derecho a la vida. La vida de una persona no puede ponerse en riesgo por la negativa de una entidad o un médico.
Si bien la negativa o demora en la entrega de la

historia clínica puede constituir una estrategia para lograr que el afectado no pueda demandar o en su defecto le venza el tiempo para acceder al derecho de reclamar perjuicios por prescripción, se tiene que dicha conducta no solo puede hacer acreedora a la entidad o al médico a una sanción ética y económica por parte de la Secretaría de Salud, sino que podría pensarse en una eventual comisión de un delito de falsedad por ocultamiento, sino que además pueden determinar la actitud dolosa o de mala fe de un profesional, lo cual puede constituir una prueba determinante de su responsabilidad en un proceso civil o penal.

En consecuencia, consideramos que el tiempo para demandar solamente se debe comenzar a contar desde el momento en que efectivamente se entrega la historia clínica.

Ahora bien, es de vital importancia hacer énfasis en que la disposición de la historia clinica y su valoración no constituye un requisito obligatorio para que las personas puedan demandar. Por el contrario, tal y como lo evidenciamos a lo largo de este libro, al afectado no le corresponde probar la negligencia, impericia o la obtención de un resultado; a quien le corresponde demostrar que cumplió con cada uno de los protocolos medicos es al médico cirujano.

Siendo así las cosas, y aunque existe un percepción generalizada de que la historia clínica es lo primero que se requiere para demandar a un médico, es claro que dicha percepción es falsa.

Si bien la historia clinica puede constituir un elemento probatorio muy valioso para reafirmar las omisiones del médico, es claro que la afirmación del afectado de haberse generado un daño es suficiente.

Solamente le correspondería, al afectado, demostrar el daño así como el incumplimiento del resultado, lo cual en cirugía plastica resulta más que evidente para los ojos de una persona del común.

La transgresión en la fisonomía de una persona es uno de los hechos más sencillos de observar para cualquier persona. Ahora, lo que deben demostrar los médicos es que el resultado sí fue el prometido, en virtud de que la voluntad de la persona fue sufrir un cambio en su fisonomía que acaeció en el resultado obtenido, o en su defecto, en el caso de una negligencia, demostrar, como en el caso de Katia, que se adelantaron todos los procedimientos y protocolos establecidos para la liposucción.

**La respuesta de la aseguradora.**

Veamos entonces, qué sucede con la aseguradora.

Si bien los médicos cirujanos tienden a pensar que la póliza de seguro los cubre ante cualquier reclamación judicial, es importante señalar que el contrato de seguros es un contrato que cumple las características de cualquier tipo de contrato comercial. En consecuencia la aseguradora puede pactar mediante la expedición de una póliza, el cubrimiento o no, de un determinado tipo de riesgo, y solamente puede cubrir, si así se establece en el contrato, la etapa derivada del procedimiento quirúrgico en sí, dejando descubierta la protección del riesgo generado en la etapa post-operatoria por una eventual complicación.

Ahora bien, tengamos en cuenta que la naturaleza del contrato de seguro es netamente civil y económico y por ende no puede cubrir la responsabilidad que se genera por un posible delito no conciliable.

En consecuencia tenemos que si la aseguradora decide que la póliza no cubre el riesgo derivado de la etapa post-operatoria, dicha actitud de la aseguradora no quiere decir que los afectados no puedan solicitar los perjuicios directamente del médico cirujano.

Así las cosas, se tiene que la premisa según la cual a los médicos no se les pueden cobrar perjuicios directamente, es totalmente falsa. Ninguna persona está obligada a entenderse directamente con la aseguradora ni a recibir por concepto de indemnización los montos establecidos por estas.

De lo anterior se deriva que deben ser muy cuidadosos los médicos en una negociación al delegar la posibilidad de un arreglo conciliatorio en las aseguradoras, ya que en muchos casos la negativa de pagar perjuicios o la limitación del pago a un monto derivado del riesgo asegurado, puede generar que el afectado decida no llegar a un acuerdo conciliatorio, procediendo a la solicitud del pago de perjuicios por vía judicial, bien sea ante la jurisdicción civil, como en la jurisdicción penal.

**EL DELITO**

Ahora bien revisemos en el caso de KATIA, por qué se configura el delito de homicidio culposo.

En el caso del fallecimiento de KATIA se tiene claro que si bien el médico cirujano no tenía la intención de causarle la muerte, si es manifiesto que el fallecimiento se produjo como consecuencia de los actos negligentes derivados de la omisión del médico cirujano, y la falta de previsión en la conservación de sangre de KATIA; actuar omisivo que generó la muerte.

En este caso se tiene nuevamente que si bien los abogados del médico cirujano pueden tratar de aducir la prescripción, desde el punto de la existencia de un contrato, nuevamente nos encontramos ante la presencia de un delito y por ende, el periodo de prescripcion es mucho más amplio.

En este punto viene bien traer en cita un lamentable caso de la vida real y del cual dieron cuenta los medios de comunicación.

El Tribunal Superior de Bogotá sentó un duro precedente en un caso relacionado con este tipo de procedimientos médicos, al condenar a 24 meses de prisión a un cirujano por practicar una liposucción que terminó costándole la vida a una de sus pacientes; la decisión judicial afecta a un galeno quien fue hallado responsable del delito de homicidio culposo.

Los hechos se remiten al 26 de enero de 2001, cuando fue intervenida una joven, en una Unidad Médico Quirúrgica; a la mujer le fue practicada una liposucción en el abdomen en procedimiento que se extendió desde las 8:30 hasta las 10:45 de la mañana y tras permanecer en observación hasta las 5:00 de la tarde de ese día, fue dada de alta. Pero al llegar a la vivienda, comenzó a presentar fuertes dolores, que no se calmaron ni con el suministro de medicamentos; igualmente, vomitó y no pudo dormir en toda la noche. A las 8:00 de la mañana del otro día y sin que la situación de la paciente mejorara, la enfermera particular, que se dedicó a cuidar a la paciente tras la cirugía, le envió un mensaje al médico contándole lo que ocurría. Él le respondió que esa situación era normal y ordenó la aplicación de una ampolleta. La paciente no tuvo alivio y por el contrario comenzó a presentar escalofríos. A las 6:30 de la tarde otra de las personas que la cuidaban fue a despertarla, pero ya estaba muerta.

Aunque en primera instancia el médico fue absuelto, el Tribunal Superior consideró que el médico debió haber extremado las medidas de cuidado y atención a través de exámenes de laboratorio o imágenes de registro, debido a que en la cirugía no existe una visión directa del trayecto de la cánula con la que se extrae la grasa. Observa en su providencia el Tribunal:

> *"Al actuar imprudente se sumó que el cirujano...se desentendió por completo de su proceso de recuperación y observación".*

Y agrega que después de la operación el médico no volvió a valorar a la paciente, responsabilidad que dejó en manos de otro facultativo.

El dolor y el malestar recurrente que presentaba la paciente se relacionaban con el desarrollo de una peritonitis, que le produjo el deceso. El cirujano también estará suspendido de la profesión médica durante dos años.

Volviendo al caso hipotético de Katia, y conforme a todo lo expuesto se tiene que:

1)  El esposo de Katia tenía derecho a que le entregaran la historia clínica.

2) Aún no habiéndola recibido, pudo haber demandado.

3) El tiempo para demandar no está vencido

4) Carlos no tiene porque renunciar a reclamar el pago de los perjuicios por parte del médico cirujano porque la aseguradora no cubría el riesgo derivado de la etapa post-operatoria.

5) Nos encontramos ante la comisión de un delito de homicidio culposo.

Ahora bien, revisemos entonces a qué monto pecuniario tendría derecho Carlos y sus hijos.
Para cuantificar los perjuicios es importante revisar el tipo de daños que tenemos en Colombia:

**1) ¿Qué tipo de perjuicios se pueden cobrar?**

Hasta la fecha, en Colombia se pueden cobrar los siguientes perjuicios:

A. Daño emergente. Es el costo actual de reparación, es decir, lo que la persona afectada gastó o debe gastar de su patrimonio propio para reparar el dano causado por la negligencia o la impericia. Se incluyen dentro de este concepto, pago de facturas, gastos de transporte, adquisición de equipos y medicinas, etc.

B. Lucro cesante. Es lo que deja de percibir la persona que sufre un daño por no poder realizar una determinada actividad de la cual se lucra. Sufre lucro cesante quien deja de realizar una actividad que le produce ingresos y ha cesado en tal actividad por razon del dano causado.

C. Daño moral subjetivo. Es el dolor interno que sufre la persona por razon de la ocurrencia del hecho que causa el daño y por el daño mismo. Se calcula en gramos oro y en salarios mínimos legales mensuales.

D. Daño a la vida de relación. Es la imposibilidad, por razon del daño, de relacionarse en la misma forma en que lo podría hacer de no haber ocurrido el hecho, tanto con el entorno como con los seres queridos y la sociedad.

De conformidad con lo anterior, veamos como se cuantifican los perjuicios en el caso de KATIA?

a) El daño moral. Según se vió, Carlos presentó

en la audiencia de conciliación prueba contundente de la afectación psicológica suya y de sus hijos.

Según lo establece la Ley y las decisiones de las altas Cortes, se puede cuantificar el daño moral hasta en 500 millones de pesos.

b) El daño emergente. La empresa de Katia tenía diez años en el mercado y había logrado un reconocimiento muy importante, había logrado mantener durante los últimos 3 años una curva de crecimiento del 10% anual, y tenía firmada una promesa de compra del 50% de su empresa de una reconocida empresa Española por valor de 12 mil millones de pesos. Se esperaba que con la compra del 50% por parte de la empresa Española, se generara un crecimiento en ventas el primer año, de 200 millones de pesos hasta llegar a una ventas aproximadas de 1000 millones de pesos mensuales al cabo de tres años, una vez se hubiera abierto el local número 15. Una de las condiciones del contrato radicaba en la apertura de sus 4 locales en Medellín y Cali y el diseño por parte de Katia durante cinco años, de la prendas de la cadena, igualmente Katia se comprometía a seguir asistiendo a todos los eventos que requiriera la empresa y a ser la imagen de la empresa.

En virtud de que Katia falleció, el contrato no se firmó, no se generó la compra del 50% de las acciones de la empresa por parte de la compañía Española, y la compañía se vió obligada a cerrar. En consecuencia, por daño emergente se tiene derecho al pago de 12 mil millones de pesos, derivados del pago que efectivamente iba a realizar la empresa Española.

C) El lucro cesante. Tal y como se vió, el lucro cesante es el dinero dejado de percibir.

Si la empresa generaba ingresos anuales por cuatro mil ochenta millones de pesos y percibía utilidades correspondientes a 960 millones de pesos anuales, con crecimiento esperado al momento de entrar en participación la empresa Española de 200 millones por año hasta llegar a 1000 millones de ingresos por mes, con una utilidad neta mensual de 200 millones anuales, bajo el entendimiento que a Katia y a su esposo le correspondían recibir 100 millones de pesos mensuales pagaderos anualmente, es decir $1.200 millones de pesos al año, asumiendo veinte años de duración de la empresa hacia el futuro, se tiene que por concepto de lucro cesante se le debería pagar una suma equivalente a 24 mil millones de pesos.

Recapitulemos:

| | |
|---|---|
| Daño Moral. | 500 millones de pesos. |
| Daño emergente. | 12 mil millones de pesos. |
| Lucro Cesante | 24 mil millones de pesos. |

Total 34 mil quinientos millones de pesos.

**Pero ¿será posible lograr que un juez de la República llegue a condenar a un médico o a un centro estético a pagar este valor tan exagerado?**

Por supuesto que sí, tal y como se vió cada persona constituye un mundo diferente. Los perjuicios siempre se valoran según la actividad de la persona y del daño causado. Aunque el error médico puede haber sido el mismo en dos casos, el perjuicio se valora en forma independiente. El perjuicio causado a una persona, con unos ingresos mensuales de un millón de pesos, no se cuantifica igualmente que la persona que percibe 20 millones de pesos.

Si existen pruebas contundentes que determinen

que una persona o su empresa producen o producían una cantidad determinada de dinero, el juez tiene la obligación de hacer reparar el daño causado, si el error médico generó por ejemplo el cierre de la empresa o la terminación o imposibilidad de continuar desarrollando una actividad u oficio.

## RINOPLASTIA

La rinoplastia es un tipo de cirugía estética que se realiza a fin de remodelar la nariz. Si bien la rinoplastia con mayor frecuencia se busca por motivos estéticos, también sirve para corregir defectos estructurales que pueden causar problemas respiratorios.

La responsabilidad médica en este tipo de cirugías, es una de las de mayor facilidad de comprobación en la cirugía estética.

Al afectar la fisonomía facial, que es un de los factores preponderantes para identificar visualmente a una persona, consideramos que igual que cualquier cirugía que se realice en el rostro, debe tener un tratamiento mucho más estricto desde el punto de vista de la responsabilidad objetiva, el tiempo para demandar y ampliación de estimación de cuantificación monetaria.

Si bien es cierto en la rinoplastia y en las demás

cirugías que se realizan en el rostro, se aplican los mismos conceptos frente al tipo de responsabilidad, el deber de información, el tiempo para demandar, consideramos que frente a la ocurrencia de una daño que afecte sustancialmente la fisonomía, se podrían abrir puertas desde el punto de vista de las acciones constitucionales para la revisión de las normas y mediante acción de tutela proceder a inaplicar normas jurídicas con el fin de proteger el derecho a la integridad física del ser humano.

Ahora, si bien el tema de las acciones constitucionales es amplio, tanto así que merece un estudio riguroso, es importante que el lector tenga en cuenta que siempre que exista una transgresión o una posible vulneración de un derecho fundamental, así exista una norma legal que parezca establecer principios que pueden llegar a afectarlos de una forma directa o indirecta en casos específicos, es posible acudir a la jurisdicción constitucional, bien sea mediante la interposición de una acción de tutela, la solicitud de inaplicación de una norma por excepción de inconstitucionalidad o mediante el ejercicio de la acción pública de constitucionalidad.

Esas tres posibilidades, aunque son de difícil comprensión, es importante tenerlas presente a fin de determinar su viabilidad en el caso concreto.

**12. Frases comunes de los médicos despues de una complicación o un resultado no esperado.**

1) Tranquila mija eso se pone bien con el tiempo **¿Cómo así que se pone bien con el tiempo? ¿cuanto tiempo?**

   Veamos: No se supone que la medicina ha avanzado de tal forma que se pueden prever los tiempos de recuperación de cada procedimiento quirúrgico para poder dilucidar los resultados obtenidos.

   Esta información debió ser suministrada en el "famoso consentimiento informado" y se encuentra claramente establecido en todos los protocolos y literatura médica en cada tipo de operación quirúrgica. Si el tiempo de recuperación excede su límite prudencial, simplemente existe un resultado no esperado o en su defecto se ha producido una complicación derivada de negligencia o impericia.

2) No sea llorona, esa señora acaba de salir de la misma operación y no dice nada.

   Los médicos tienden a minimizar los dolores asociados con la etapa postoperatoria; tal y como se vio, cada tipo de operación de aumento de senos implica una diferencia radical según la especie de implante colocado, la clase de incisión y la colocación del implante.

Cada persona constituye un mundo diferente, su reacción psicológica y física es diferente, su etapa de recuperación varia, y su cicatrización también cambia.

Si bien, los protocolos médicos tienden a estandarizar los tiempos de recuperación según el tipo de procedimiento que se desarrolla, resulta imperativo que el médico valore en forma integral al paciente, analizando su historia clínica en forma detallada, practicando en forma exhaustiva cada unos de los exámenes de rigor, para determinar la presencia de alergias o patologías que puedan generar complicaciones adicionales.

3) Yo los veo igual. Cuando una mujer acude a un cirujano plástico con el fin de lograr un lifting de senos, realzarlos y lograr simetría entre los dos senos, se interioriza reflejando la imagen de sus senos esperada y prometida por el médico.

Tal y como se vió con anterioridad, en muchos casos de lifting de senos se puede prever las posibilidad de ocurrencia de asimetría en diferentes grados o en un grado mínimo. En estos casos el médico tiene el deber de informar previo a la operación está posibilidad a la paciente y la eventualidad de tener que realizar otra operación para corregir dicha asimetría.

4) Creo que usted está sugestionada. Como se expuso en precedencia, es importante valorar el aspecto psicológico de un paciente antes de realizar una operación estetica. El aspecto emocional de una persona es de vital relevancia en este tipo de operaciones, ya que uno de los aspectos determinantes que influyen en la decisión de una mujer para practicarse una operación estetica, es la necesidad de sentirse mejor con su aspecto físico, mejorar su autoestima, y en especial, generar un sentimiento de seguridad interior.

Como se advierte, estos aspectos son netamente emocionales y mentales. El médico cirujano jamás puede separar lo emocional y psicológico de un paciente, ya que al momento de una reclamación judicial, es claro, que el estado psicológico, es tema preponderante para determinar si existió un daño moral. Es por lo anterior que los médicos cirujanos deben prestar asistencia psicológica antes, durante y con posterioridad a la cirugía plástica.

5) Entienda señora: a usted le toca pagar nuevamente la clínica no ve que no es mía.

Es usual y normal, para realizar la cirugía plástica, que los médicos cirujanos alquilen un quirófano en forma provisional en una clínica particular. Esta práctica es muy común, en los eventos en que el médico cirujano viaja a otras ciudades o a ciudades intermedias o poblaciones pequeñas para efectuar cirugías en bloque a varias pacientes.

Como lo vimos en el caso de Anita, la paciente no tiene porque asumir ningún costo sobre la segunda cirugía, y en muchos casos es posible que, revisando la información suministrada por el médico, sea imperativo, por parte del médico, reintegrar el dinero de la primera operación e indemnizar por daños a la paciente.

6) A mi no me va a amenazar yo tengo mis abogados usted no tiene pruebas. Tal y como lo advertimos inicialmente, los médicos tienen el pensamiento generalizado de que al paciente le toca probar que el médico cometió una negligencia o una impericia.

Dicho pensamiento estaba cimentado en la presunción de inocencia y en la necesidad de probar los actos negligentes, pero como ya lo indicamos, en derecho civil ha cambiado el pensamiento con respecto al tema, por lo cual le corresponde al médico demostrar que todos sus actos se enmarcaron en consonancia con los protocolos médicos establecidos para cada tipo de operación.
De igual forma, tal y como se expuso, la responsabilidad en cirugía plastica, si bien es objeto de eximente al probarse que se cumplieron cada unos de los protocolos médicos, también se evidencia cuando el resultado no es el prometido o anunciado.

Al iniciar una reclamación solo se requiere probar que el resultado no se obtuvo, lo cual es fácil de demostrar si se guarda una fotografía anterior al procedimiento y se verifica con el resultado obtenido; igualmente puede demostrarse con la historia clínica.

Es claro que seguramente los médicos contaran con abogados que defiendan sus derechos, sin embargo, eso no los exime de responder ante una reclamación judicial. Cada afectado deberá acudir ante un abogado especialista con el fin hacer valer sus derechos logrando acuerdos que de alguna forma encuentren un resarcimiento justo.

7) Yo he estudiado muchos años para que usted me venga a enseñar.

Nadie niega a los médicos cirujanos su gran dedicación, y sus años de estudio. Es claro que por más información que tenga el paciente sobre el tipo de operación que se realizó o realizará, no superará la titulación médica, pues resulta evidente que el médico tiene una formación profesional completa.

Es por esta razón que el médico debe responder en forma explicita cada uno de los interrogantes del paciente. Esta obligación nace en el deber de información que al médico le corresponde suministrar.

La afectación a la fisonomía personal del paciente es un hecho determinante que obliga al médico a responder cada uno de los interrogantes del paciente.

La nuevas tecnologías como el Internet proporcionan cada día más información detallada de cada uno de los procedimientos quirúrgicos y, en muchos casos, los pacientes se preparan con anticipación sobre las características de los implantes mamarios, su textura, los tipos, su colocación, su tamaño, su cicatrización y el periodo de recuperación y si bien por estos medios obtienen algo de información esta puede ser incompleta o distorsionada, por lo que los médicos deben informar con paciencia y humanidad cada uno de los interrogantes del paciente.

Algunas páginas y consultorios médicos especializados, han considerado que la relación paciente médico ha cambiado ya que en el pasado el médico era visto como una persona incontrovertible, al cual se le debía un respeto inmaculado.

La información digital, los motores de búsqueda y los portales médicos hacen que las personas lleguen preparadas a las citas médicas y en muchos casos tengan algo de ilustración antes del procedimiento quirúrgico, los rasgos básicos del tipo de procedimiento que se va a realizar, lo cual les da derecho a preguntar.

Por tal motivo, al tener el paciente algo de ilustración y de que la cirugía va a ser realizada sobre su cuerpo, no constituye una ofensa al médico preguntarle sobre el procedimiento quirúrgico, ni el cuestionamiento de algún procedimiento o del resultado de la misma, y antes por el contrario, constituye un acercamiento necesario entre paciente y médico que se le permite recibir una información completa y detallada del procedimiento que se le realizará y los sustentos científicos que apoyan la decisión de aplicar un procedimiento, una incisión o una prótesis especifica.

8) El resultado no era el esperado pero se ve mejor. **¿El resultado no era el esperado pero se ve mejor? ¿Cómo así?**

A los médicos cirujanos se les ha otorgado una ventaja competitiva frente a otras especialidades médicas. Tienen la posibilidad de publicitar en forma masiva y espectacular resultados determinados. Ellos se han visto beneficiados por el tipo de responsabilidad que se les endilga. Es decir que ellos tienen no solamente un deber de lograr el resultado esperado sino que tienen la obligación de lograr el resultado de lo que prometieron o insinuaron, es decir, que ellos no pueden beneficiarse de su tipo de responsabilidad para ofrecer servicios médicos indicando o promocionando resultados que no pueden prometer los médicos de otros especialidades y por el otro, buscar abstenerse de responder por los daños causados a los pacientes cuando después de haber captado al cliente y recibido el pago, el resultado no es el esperado.

9) **¡Le quedo muy bien!** Muchas gracias doctor, pero la apreciación del resultado no es subjetiva; es decir no corresponde a la apreciación personal del médico.

Si el resultado no es el prometido, no importa si los senos se ven estupendamente, según la apreciación del médico o de otras personas. El punto radica en que los senos, deben verse en la forma en que prometió el médico y no como quedaron, independientemente de su resultado. Si la talla ofrecida fue una específica y se coloca otra, pero en apreciación del médico se ve bien, la paciente tiene derecho a que le reparen el daño. El resultado ofrecido no fue el obtenido y eso es todo.

10) Yo le dije los riesgos y usted aceptó. Tal y como lo vimos, el deber de información del médico al paciente constituye unos de los deberes mas importantes en la cirugía plástica.

Es importante determinar si todos los riesgos fueron informados en debida forma, si se anticiparon los posibles síntomas y adoptaron medidas instructivas para prever las complicaciones.

Como se advirtió, el deber de información es uno de los requisitos indispensables en toda operación quirúrgica, pero no es el único; si bien es cierto puede que la información haya sido completa, que las medidas preventivas se hayan realizado en forma exhaustiva, es necesario determinar si el médico tomó la decisión correcta de conformidad con su experiencia, pericia y diligencia.

Recordemos que el ser humano no tiene disposición absoluta sobre su cuerpo, es decir, que no puede decidir por cuenta propia asumir un riesgo en contra de la salud, su integridad física y lo que es más grave, su aspecto personal definitivo. El médico no puede colocar una prótesis determinada, con el tamaño que decida la paciente, si dicha prótesis, su forma de colocación, el tipo de incisión y su textura no es el adecuado, es decir, que no basta, indicar los riesgos, ya que la paciente no está facultada para asumirlos. Lo anterior sería como si una persona sana se acerca a donde un médico solicitándole que le corte la mano ya que se sentiría mas bello sin mano, el medico le informa los riesgos y se la corta.

11)Yo estoy asegurado. En muchos de los casos los médicos y los centros hospitalarios se encuentran asegurados; en este evento es importante determinar hasta qué monto están asegurados y cual es el cubrimiento del riesgo por parte de estas empresas aseguradoras. El afectado sin embargo, es ajeno a la póliza que tenga el médico o el hospital y no está obligado a recibir como indemnización el valor cubierto por la aseguradora. El afectado simplemente presenta su reclamación por el valor que se ha cuantificado según el daño producido, el médico y la entidad demandada pueden llamar en garantía a la aseguradora, quien puede optar por conciliar o no. Si lo hace puede ofrecer una suma determinada que se acerque o no a las pretensiones del afectado, si no lo hace, el afectado puede continuar con la demanda y le corresponderá al médico o al hospital pagar. Con esto quiero significar que al afectado no se le pueden limitar sus derechos a reclamar perjuicios, por las políticas monetarias que tengan las aseguradoras.

La mayoría de los médicos consideran que al estar cubiertos con una póliza, se eximen de responsabilidad y esto no es cierto del todo. El afectado no tiene ninguna obligación de entenderse con la aseguradora si este no lo desea, ni tampoco está obligado a recibir como indemnización los valores que estipulan las aseguradoras como tope máximo.

12) Eso no importa volvemos a hacer otra cirugía **¿Cómo? ¿Acaso se trata de reparar un carro?** De hacerle latonería a un SIMCA ¡Por favor¡ Estamos tratando con un ser humano, con la integridad física de la persona y con su derecho a la vida.
Volver a someter a una persona al suplicio y a la tortura física que implica una nueva cirugía, sin

contar con la etapa post-operatoria, constituye por si solo un daño de tal magnitud que amerita un tratamiento jurídico independiente. **¿Acaso los médicos se colocan en el puesto de los pacientes que se someten a una cirugía; es a ellos a los que los toca pasar por el tiempo de recuperación, ellos sienten el dolor, el sufrimiento, la incomodidad y el sentimiento de indefensión y de inutilidad al que es sometido el paciente?**

La cirugía estética es considerada, por algunos, como la manifestación voluntaria del hombre de someterse a una golpiza de dimensiones inconmensurables. Es como someterse voluntariamente a una golpiza de MIKE TYSON durante dos horas pero con anestesia. Es por ello que algunos dirían ¡AH! pero esa fue su voluntad, ahora aguántese otra vez el dolor. ¡Pues No! El afectado no lo tiene porque aguantar, ni soportar.

Es preciso diferenciar que en la primera intervención la paciente tenía plena disposición de su voluntad desde el punto de vista emotivo y psicológico y, además, estaba preparada para realizarse una operación quirurgica y mejorar de esta forma su aspecto físico. En el segundo caso no, pues su voluntad esta viciada por fuerza. Está obligada a volver a realizarse la intervención, so pena de quedar

en forma definitiva con una deformidad en su fisonomía física.

"Usted firmó quitándome responsabilidad. Usted
no es un niño. Usted sabe leer." El famoso consentimiento informado **¿Qué es eso?** El consentimiento informado puede decir muchas cosas, sin embargo, si existe un vicio no hay nada que hacer, es
inválido, totalmente inexistente.

**Imágenes de antes y después.**

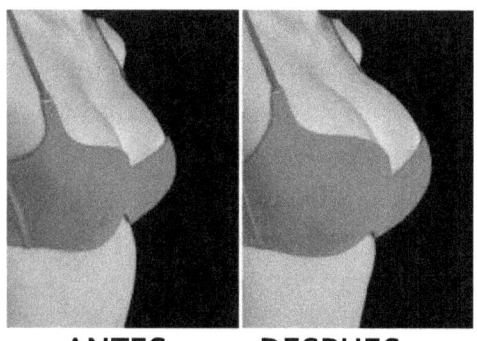

ANTES          DESPUES

**Palabras claves**

A continuación algunas palabras claves que nos
ayudarán con el entendimiento de algunos temas
de la cirugía plástica de aumento de senos, los
errores que se presentan

- Patología.
- Diagnostico.
- Ética médica.
- Historia clinica.
- Lex artis.
- Epicrisis.
- Síntomas.
- Eximente de responsabilidad.

**¿A donde demandar o denunciar?**

- ✓ Fiscalía General de la Nación.
- ✓ Juzgados Civiles.
- ✓ Tribunal de Ética Médica
- ✓ Secretaría de Salud

**Preguntas frecuentes.**

A continuación se ofrece una serie de interrogantes y respuestas que han sido desarrollados y concebíos por NATTAN NISIMBLAT & MAIKEL NISIMBLAT.

**1) ¿Qué es la negligencia medica?**
Es la falta de cuidado o de aplicación de los protocolos y procedimientos establecidos previamente por parte de las autoridades sanitarias y por la comunidad científica.

## 2) ¿Qué es mala praxis?

El vocablo praxis significa práctica y consiste en actuar sin la observancia de las técnicas que rigen una determinada actividad, en este caso, la medica.

## 3) ¿Qué es responsabilidad medica?

Responsable es quien tiene legalmente el deber de reparar un dano, aún si no lo causó de manera directa o material.

En el caso de la actividad médica son responsables todos aquellos involucrados directa o indirectamente en la ocurrencia del daño, como son: el medico, la clínica u hospital, los auxiliares, las aseguradoras, EPS's, las instituciones prestadoras de salud – IPS's -, etc.

## 4) ¿Se puede demandar a un odontólogo o a un centro de estética dental?

SÍ. Los odontólogos son responsables por los daños que cause su actividad, cuando esta se desarrolla con negligencia o impericia.

## 5) ¿Con cuánto tiempo cuento para demandar a un medico por negligencia medica?

Depende de la afectación, del daño y de la vinculación contractual del médico, pues en Colombia existen dos regímenes de responsabilidad, uno que se aplica a los médicos e instituciones privadas y otro el aplicable a las instituciones estatales.

### 6) ¿Qué significa demandar?

Demandar significa pedir y se realiza ante un juez y se dirige contra la persona o personas que tienen el deber legal de reparar, es decir, de pagar.

### 7) ¿Qué es la demanda Civil?

Es la reclamación que se presenta ante un juez civil para obtener la reparacion patrimonial del perjuicio, la cual se estima en dinero efectivo. Demandar significa pedir y se realiza ante un juez y contra quien tiene el deber legal de reparar, es decir, de pagar.

### 8) ¿Qué es la demanda Penal

Como tal, y tradicionalmente, no existe el concepto demanda Penal, pues lo que se realiza es una denuncia penal[11], que consiste en acudir ante la Fiscalia General de la Nacion para que se investigue si una actuación médica negligente o imprudente, debe ser sancionada con la privación de la libertad.

### 9) ¿Qué es la demanda administrativa?

Es la reclamación que se presenta ante un juez o

---

[11] Aunque con el sistema penal acusatorio oral, ha surgido la discusión de si es posible o no hablar de "demanda".

tribunal administrativo para obtener la reparacion patrimonial del perjuicio, la cual se estima en dinero efectivo. Se diferencia de la civil en que en este caso el demandado es el Estado Colombiano, cuando el médico o la entidad que prestaron el servicio lo hicieron a nombre de la Nación colombiana (hospital público).

### 10) ¿Cuáles son los requisitos para demandar por perjuicios en materia civil?

Demostrar que hubo una intervención o tratamiento médico; demostrar que con dicha intervencion o tratamiento se causó un daño y demostrar que el daño es producto de la intervención y del tratamiento.

### 11) ¿Qué es la conciliación?

Es un procedimiento que consiste en que el afectado (usuario o paciente) propone al médico que le repare los perjuicios de manera directa, sin necesidad de acudir ante los jueces. Este procedimiento se adelanta en los centros de conciliación.

### 12) ¿Qué es la historia clínica?

También denominada anamnesis. Es la narración histórica de todo lo que acontece con el usuario. Tiene como característica que es reservada, salvo para el usuario, a quien de hecho pertenece.

Es deber de todo médico llevar correctamente la historia clínica y conservarla para consulta en todo momento. El médico es el custodio de la historia pero nunca su propietario, pues lo es el paciente (usuario), quien tiene derecho en todo tiempo y momento a obtener una copia y aun su archivo original para el traslado a otro medico tratante o con fines probatorios.

### 13) ¿Qué son los protocolos médicos?

Son procedimientos pasos a paso, que determinan las autoridades sanitarias de un país o la comunidad científica para el tratamiento de una enfermedad o para realizar una intervención quirúrgica.

### 14) ¿Qué sanciones puede imponer la Secretaria de Salud a los hospitales y clínicas?

Las sanciones varían según la gravedad, desde la imposición de multas en dinero, hasta el cierre de la institución.

### 15) ¿Qué es un daño punitivo?

La expresión punitivo significa  sanción. Es un daño originado por la actuación consciente de que se puede causar daño y que tiene como consecuencia la imposición de una suma de dinero a cargo del médico y a favor del paciente afectado, a titulo de sanción. Usualmente esta suma no guarda relación directa con los perjuicios causados ya que busca prevenir al causante del daño, mediante la imposición de la obligación de pagar una cuantiosa suma de dinero, para que no lo vuelva a hacer.

**16) ¿Se pueden solicitar perjuicios por daños punitivos?**

Hasta ahora la Corte Suprema de Justicia ha estimado que en Colombia el derecho civil no contempla la posibilidad de condenar a tal pago, pues la interpretación de las normas que regulan la responsabilidad médica solo permiten reparar el perjuicio causado con el daño, es decir, volver las cosas a su estado original, pero no imponer sanciones adicionales. Sin embargo la jurisprudencia ha ido actualizándose en los últimos años, entendiendo que el derecho civil admite sanciones de orden patrimonial.

**17) ¿Puede demandarse por insatisfacción en las cirugías plásticas o estéticas?**

Sí. En el caso de las cirugías plásticas se entiende que la obligación que adquiere el medico es de resultado y no de medio. Una obligación de medio se caracteriza porque al profesional solo se le impone el deber de realizar lo que este a su alcance, tal como ocurre en las intervenciones producto de un accidente o una enfermedad.

Una obligación de resultado es aquella en la cual el profesional se compromete a entregar algo determinado, como quien contrata la construcción de una casa y espera un resultado predefinido.

### 18) ¿Puede demandarse al estado por no establecer políticas de prevención?

Sí. Siempre y cuando exista una ley o norma constitucional que imponga al Estado el deber de formular la política de prevención, tal como ocurre con las pandemias o enfermedades previsibles.

### 19) ¿Se puede presentar una demanda por daños psicológicos?

Sí. Se denomina daño moral subjetivo y consiste en el dolor interno que sufre la persona afectada y aun quienes le rodean por el dano irrogado. La demanda en este caso, se contrae a la solicitud de un pago equivalente al sufrimiento resultado del daño.

### 20) ¿Cuál es la responsabilidad de las aseguradoras?

Existen dos tipos de seguros: Los primeros son lo que tienden a reparar el daño causado por el médico tratante; los segundos son los que tienen la obligación legal de hacerse cargo del tratamiento del paciente o usuario. Estos últimos son directamente responsables por no ordenar o autorizar en tiempo los tratamientos requeridos.

### 21) La negligencia médica solamente aplica para médicos?

Si. Sin embargo en un tratamiento pueden intervenir otros profesionales que no tienen la calidad de medicos, tales como enfermeros, anestesiólogos, etc. Igualmente este tipo de responsabilidad aplica para quien, sin tener la calidad de medico, ejerce una actividad relacionada con la salud, tales como odontólogos, quiroprácticos, psicólogos, etc.

### 22) Se puede demandar a centros de estética?

Si. Todo aquel que practique intervenciones quirúrgicas es susceptible de ser condenado al pago de perjuicios. Todo el que cause un daño a otra persona tiene el deber de pagarle los perjuicios derivados de dicho daño.

### 23) A quien le corresponde probar el dano en un proceso por negligencia medica?

Al quien afirma el daño, es decir, al demandante. Sin embargo, cuando al demandante le resulta difícil probar que el dano es producto de la intervencion quirurgica o del tratamiento, es al medico a quien le corresponde probar que no fue el causante del dano. Esto se debe a que los jueces entienden que el paciente esta en desventaja probatoria frente al medico, quien si estaba despierto durante la operación.

Anteriormente era muy difícil probar la existencia de un acto negligente por parte de un medico o de una centro hospitalario, ya que le correspondía al afectado buscar valoraciones de otros medicos para determinar si se había omitido un procedimiento o se había incurrido en un acto negligente. Hoy en día y de acuerdo a los avances de la jurisprudencia de la Corte Suprema de Justicia, ya no le corresponde a los usuarios demostrar que existió un acto negligente por parte de los medicos sino que es a ellos a los que les corresponde demostrar que el procedimiento se ajusto a los lineamientos y protocolos establecidos por la Secretaria de Salud.

Ahora, daño y perjuicio no son el mismo concepto. Daño es la afectación, por ejemplo, la perdida de un órgano. Perjuicio es la consecuencia de dicha perdida, sea dineraria o psicológica. La demostración de los hechos posteriores al hecho que origina el dano, es decir, del perjuicio, corresponde exclusivamente al demandante.

## 24) Solo el afectado directo puede demandar?

Si. Sin embargo se entiende que es afectado directo no solamente quien sufre en su cuerpo por ocasión de un tratamiento o una intervencion, sino quien padece los efectos de dicho dano, dentro de los que pueden contarse, familiares y aun amigos.

## 25) Quienes pueden demandar?

Todos aquellos que demuestren que han sido afectados con el dano y que han sufrido un perjuicio. Pueden demandar los familiares que sufren con el dano, el esposo o la esposa quien no puede relacionarse despues de una indebida operacion estetica.

## 26) Solo los familiares pueden demandar?

También pueden demandar quienes demuestren un dano o un perjuicio derivado del dano, como por ejemplo los compañeros permanentes o novios.

## 27) Puede demandar una persona sin nece-

**sidad de abogado?**

No. Colombia no permite que una persona acuda a un juez sin estar asistida de un abogado.

## 28) Cuanto cuesta presentar una demanda medica?

Depende de factores tales como la calidad del profesional del derecho, la complejidad del caso, el número de personas a demandar y los resultados esperados. Usualmente el abogado cobrara una tarifa inicial por la consulta, una suma para hacerse cargo del caso y un porcentaje del total que perciba el afectado con la sentencia judicial.

## 29) Cuanto se demora un proceso por negligencia medica?

Depende de factores tales como la complejidad del caso, el juez que lo resuelve, las partes que intervienen y en general de factores humanos y técnicos. Sin embargo, si las partes deciden conciliar, el proceso puede durar menos de dos meses.

## 30) Si el proceso tarda menos de lo espera-

**do cambian los honorarios?**

Si. Usualmente el abogado pacta un bono adicional por lograr culminar el proceso antes de lo previsto.

**31) Cuanto se demora la solicitud de conciliacion?**

Usualmente 10 días hábiles, pero puede tardar mas tiempo si hay que vincular a la conciliacion a otras personas, tales como la compañía de seguros u otras personas que son responsables del pago de perjuicios.

**32) Cuanto cuesta la conciliacion?**

Depende del valor de la pretensión económica, pero se puede estimar en un uno por mil (1 x 1000). Ej. Si lo pretendido es la suma de cien millones, la conciliacion cuesta un millon. Esta suma se paga al centro de conciliacion y no hace parte de los honorarios del abogado.

**33) Quien paga la conciliacion?**

El cliente.

**34) Cuando se requiere conciliacion?**

En todos los casos, salvo que se trate de denuncias ante autoridades administrativas.

### 35) Como se demanda al Estado por responsabilidad medica?

Presentando una demanda ante los jueces administrativos. En este caso la responsabilidad se denomina falla del servicio.

### 36) Como se presenta una denuncia penal por negligencia medica?

Se acude ante la Fiscalia General de la Nacion mediante una denuncia penal, la cual debe ser redactada cuidadosamente para demostrar que el medico debe responder con pena privativa de la libertad.

### 37) Que es la prescripcion?

Es un concepto jurídico que significa vencimiento del tiempo o paso del tiempo. No guarda relacion con el concepto medico que significa receta o formula. La prescripcion es una regla de derecho que impide a una persona demandar a otra despues de cierto tiempo. Es, en terminos simples, el derecho a ser olvidado.

## 38) Cuanto es el tiempo de prescripcion en responsabilidad medica?

En el derecho administrativo es de 2 anos y se denomina caducidad. En el derecho civil es, inicialmente, de un ano; sin embargo, dependiendo del tipo de relacion que se tenga con el medico puede ser hasta de 20 anos, si el hecho ocurrio antes del ano 2002 y de 10 años si ocurrió después de 2002.

## 39) Que es la responsabilidad civil extracontractual en casos medicos?

La palabra contractual significa que hubo un contrato y la palabra extra significa por fuera. Entonces, el vocablo extracontractual significa que no hubo contrato, como por ejemplo quien ingresa a una clinica por urgencias y no puede firmar un contrato ni con el hospital ni con el medico y sin embargo es atendido.

## 40) Que es la responsabilidad civil contractual en casos medicos?

Es aquella derivada de un contrato, es decir, cuando entre medico y usuario hubo un acuerdo previo al tratamiento o la intervencion. Es ejemplo de esta responsabilidad la cirugia estetica.

**41) Se puede conciliar un caso de negligencia medica renunciando a iniciar el proceso penal?**

Si. Siempre y cuando las lesiones causadas no generen incapacidad laboral superior a 30 dias certificadas por un medico legista.

**42) Cuando es mejor demandar por via civil que demandar por via penal?**

Cuando el daño es producto de un colectivo de personas naturales y juridicas, tales como EPS's, Hospitales, IPS's, ARP, medicos, enfermeros, etc.

**43) Cual es la diferencia entre una demanda civil y una denuncia penal?**

La demanda civil busca el pago de una suma de dinero. La denuncia penal busca que el culpable sea encarcelado. Sin embargo, en el proceso penal tambien se puede obtener el pago de sumas de dinero por razón del perjuicio causado.

**44) Se puede conciliar en el proceso penal?**

Si. En el proceso penal tambien se busca la reparacion a la victima.

**45) Cuando es responsable por negligencia el medico y cuando lo es la clinica o centro hospitalario?**

El médico responde por negligencia o por impericia, es decir, por no aplicar los protocolos o por mala praxis. El centro hospitalario por negligencia, negar medicamentos a tiempo, no atender a una persona a tiempo, no guardar las normas de higiene, no cumplir con los reglamentos establecidos por el Estado o la ciencia y en general por no cumplir con sus deberes como prestador del servicio.

**46) Se puede demandar conjuntamente a los medicos y al centro hospitalario en donde se realizo la operacion quirurgica?**

Si, de hecho se prefiere en la mayoria de los casos demandar a todos los implicados, directos e indirectos.

**47) Se puede demandar al centro hospitalario, al medico y a la medicina prepagada en**

## forma conjunta?

Si, siempre y cuando la empresa de medicina prepagada sea la responsable del dano, como cuando el medico, sabedor de una enfermedad, se la reporta a la empresa, pero le recomienda no proporcionar los medicamentos o la intervencion quirurgica.

## 48) Que es la solidaridad en la demandas medicas?

La expresión solidaridad significa todos ayudan. En el caso de la responsabilidad, la solidaridad significa que en caso de presentarse una demanda contra varias personas al mismo tiempo y el juez ordena el pago de una suma de dinero, el beneficiario con la condena puede cobrar la totalidad del dinero a cualquiera de ellos.

## 49) La accion civil extingue la accion penal?

No. A menos que en el proceso civil se determine que el hecho no ocurrio o que el medico no practico la cirugia o no intervino en el tratamiento. Por lo demas, aun si en el proceso civil el medico no resulta condenado, puede serlo en el proceso penal y viceversa.

**50) Cual es la diferencia entre demandar por incumplimiento contractual y demandar por negligencia medica?**

Ninguna. El incumplimiento puede provenir de la negligencia. De hecho, la negligencia es el fundamento del incumplimiento.

**51) Se puede demandar a un medico por incumplimiento contractual por insatisfaccion en operaciones esteticas?**

Si. En este caso no importa la negligencia si el medico se comprometió a un resultado.

**52) Que es la responsabilidad de medio?**

Es aquella que proviene de una actividad en la cual al profesional solo se le exige hacer todo lo que este a su alcance, pero no se le exige un resultado particular.

**53) Que es la responsabilidad de resultado?**

Es aquella que se surge de un contrato en virtud del cual una persona promete a otra un resultado específico y anticipado, como quien pide a otro que le construya una casa. En el caso de la responsabilidad médica la responsabilidad siempre es de medio, salvo el caso de la cirugia plastica o estetica, en la cual el galeno se compromete a lograr una apariencia definida.

## 54) El médico tiene responsabilidad de medio o de resultado?

En el caso de la responsabilidad médica la responsabilidad siempre es de medio, salvo el caso de la cirugia plastica o estetica, en la cual el galeno se compromete a lograr una apariencia definida.

## 55) Al ofrecer un medico un resultado determinado en un programa de computador para una operacion estetica, se le puede endilgar responsabilidad de resultado?

Si. Siempre que se realice una promesa de obtener una apariencia determinada la responsabilidad será de resultado.

## 56) Que debe contener el acta de conciliación?

Los nombres de todas las partes interesadas, los hechos en que se funda la reclamación y el arreglo al que llegaron las partes.

**57) Puede suspenderse la conciliacion para discutir posibles arreglos?**

Si. La conciliacion puede suspenderse para que las partes definan los términos del acuerdo.

**58) En que momento se puede conciliar?**

En todo momento y en cualquier tiempo, aun si ya se presento la demanda judicial.

**59) Cual es la diferencia entre la conciliacion y la transacción?**

La conciliacion siempre debe adelantarse ante un centro especializado denominado Centro de Conciliacion, donde se designa un profesional llamado conciliador que ayuda a las partes a encontrar puntos comunes de interés y autoriza el acuerdo en caso de que se logre. La transacción es un contrato que no requiere de la intervencion de personas distintas a las interesadas. Puede celebrarse sin ninguna ritualidad, es decir, se puede transigir aun por correo electrónico.

**60) Se puede conciliar despues de presentar demanda civil?**

Si. Hay dos formas de hacerlo: La primera pidiéndole al juez que realice una audiencia de conciliacion y la segunda, pidiendo a un Centro de Conciliacion que lo haga.

## 61) Como se cuantifican los perjuicios?

Daño emergente: Se suman los gastos en que incurre el afectado con el dano, tales como facturas por compra de medicamentos, pago de ambulancia, equipos especiales. En el caso de pérdida anatómica o funcional o lesión de carácter permanente, existe una tabla que determina el valor de la perdida.

**Lucro cesante:** Se suman los ingresos que deja de percibir una persona que ha sufrido un dano por no poder realizar una determinada actividad. Por ejemplo, una persona que se dedica al modelaje y percibe habitualmente $10 millones por mes, se multiplica esta suma por 12 meses (un año) y el resultado se multiplica por el numero de anos estimados que dicha persona podría realizar la misma actividad. Así, una modelo de 15 anos que se dedica a comerciales de adolescentes, se estima que podrá realizar su misma actividad por los próximos 3 anos. Por el contrario, una modelo de ropa interior de 18 anos, se estima que puede realizar la misma actividad por los próximos 15 anos. En el caso de un pintor que pierde su mano por razon de una negligencia, la perdida es vitalicia. En el caso de la perdida de la vida, por ejemplo de una persona de la tercera edad que se dedique a una actividad productiva, se proyecta el lucro por su expectativa de vida.

**Daño moral:** Se estima en gramos oro o en salarios mínimos legales mensuales vigentes. Si es en gramos oro, hasta por el equivalente a 100 y si es en salarios mínimos hasta 1000, dependiendo de la valoración psicológica o psiquiátrica.

Daño a la vida de relacion. Se calcula igual que el daño moral.

**Ejemplos de cuantificación de perjuicios?**

**1**. Una persona que muere como resultado de una intervencion quirurgica y que percibe $5.000.000, si al momento de la muerte cuenta con 20 anos y su expectativa de vida es de 70 anos, da derecho a sus familiares a reclamar el equivalente a lo percibido en un ano, es decir, $60.000.000 multiplicado por 50 anos que es su expectativa de vida. Total: 3000.000.000 (tres mil millones de pesos).

El daño moral como el a la vida de relacion pueden cuantificarse multiplicando mil salarios mínimos por su valor actual, es decir, $550.000 x 1000 = 550 millones de pesos.

**2.** Una presentadora de noticias gana $10.000.000 mensuales. Su contrato es por 5 anos. Se somete a una operacion estetica para mejorar el aspecto de su nariz y en la operacion pierde el 50% de su miembro. Como resultado de la operacion su contrato es cancelado y se divorcia de su esposo.

De los 10 millones que recibía, ahorraba mensualmente 5 millones en un plan progresivo que al cabo de un ano le rentaría 1% mensual, es decir, $600.000., y así por los próximos 5 anos, hasta completar 300 millones, que le rentarían, $3 millones mensuales, indefinidamente.

En este caso el dano emergente resulta de multiplicar el ingreso mensual por el número de meses faltantes para culminar el contrato, es decir, si la operacion se realizo al ano de iniciado el contrato, el dano asciende a la suma de $480.000.000.

El daño moral como el a la vida de relacion

pueden cuantificarse multiplicando mil salarios mínimos por su valor actual, es decir, $550.000 x 1000 = 550 millones de pesos. Como se sufrieron ambos danos, en este caso la indemnización ascenderá a $1.100 millones de pesos, en la medida en que, por una parte, se demuestra sufrimiento interno por la perdida del aspecto físico y por la otra se demuestra que su matrimonio se termino por razon del resultado de la cirugia.

Como tenia la expectativa de lucrarse con sus ingresos, de modo que al cabo de 5 anos tendría un ingreso del 1% sobre 300 millones, es decir, $3 millones mensuales, se multiplican estos 3 millones por 12 meses y dicha suma se proyecta por su expectativa de vida, que en el caso de una mujer es 77 anos y teniendo en cuenta que a la fecha de la cirugia tenia 37 anos, le restaban 40 anos. Total 36 millones x 40 anos = 1.440.000.000 (mil cuatrocientos millones de pesos).

**Total reclamación:**

| | |
|---|---|
| Daño emergente: | $ 480.000.000 |
| Lucro Cesante: | $1.440.000.000 |

Daño moral:           $  550.000.000
Daño vida de relación: $ 550.000.000
**Total:**                **$ 3.020.000.000**

**62) Se pueden solicitar perjuicios por mala praxis en cirugia plastica por la sola expectativa de ganar un concurso de belleza?**

No. La mera expectativa de ganar un concurso no es constitutiva de perjuicio. Sin embargo, si ya había sido declarada ganadora pero no pudo posesionarse si hay lugar a la reclamación. Tambien habrá lugar a la indemnización si por razon de la participación en el concurso se habían celebrado promesas de contrato escritas o verbales.

**63) Se puede demandar por mala praxis en cirugia plástica por la solicitud de divorcio del cónyuge o la separación con su compañero sentimental?**

Si. Solamente en el caso en que se demuestre que el procedimiento quirúrgico genero una lesión física o un dano psicológico que lo incapacito para relacionarse con su cónyuge o compañero permanente.

**64) Se pueden solicitar perjuicios o deman-**

dar por mala praxis en cirugia plastica por la sola expectativa de obtener un trabajo en medios de comunicación, modelaje.

No. La mera expectativa de ganar un contrato no es constitutiva de perjuicio. Sin embargo, habrá lugar a la indemnización si por razon de la participación en el proceso de selección se habían celebrado promesas de contrato escritas o verbales.

**65) Cuales son las normas que rigen la materia de la negligencia medica?**

El Código Civil colombiano, el código de ética medica, la Constitución Política y la jurisprudencia de la Corte Suprema de Justicia y del Consejo de Estado.

**66) Que dice el derecho Internacional sobre el tema?**

El derecho internacional reconoce el derecho de la responsabilidad médica. Colombia es uno de los países mas avanzados en el reconocimiento de perjuicios.

**67) Se pueden aplicar protocolos medicos de otros países para demostrar la negligencia**

medica en Colombia?

Si. Se denomina estado actual del arte. El derecho colombiano admite que se demuestre la existencia de un protocolo internacionalmente reconocido y que debió ser aplicado a un tratamiento o una intervencion.

**68) Que debe hacer el afectado para demostrar la ocurrencia de un procedimiento negligente por parte un medico?**

De conformidad con lo establecido por la Corte Suprema de Justicia, solamente basta con que el demandante enuncie la presunta existencia de un acto negligente. Le corresponde en esta forma al medico demostrar que el procedimiento medico se desarrollo en cumplimiento de todos y cada uno de los protocolos establecidos por el Ministerio de la Protección Social y la Secretaria de Salud para el procedimiento previo a la operacion, para el procedimiento quirúrgico y para la etapa postoperatoria. En esta medida el medico demandado y el centro hospitalario, deben demostrar que en todas las etapas se hayan seguido en forma estricta los lineamientos y protocolos establecidos por la Secretaria de Salud. En esta medida, el medico y el centro hospitalario debe demostrar que su proceder no solo se ajusto a lo establecido por los parámetros y protocolos establecidos por la Secretaria de Salud, sino que debe responder por omisión de protocolos. En esta medida puede un medico ser responsable por mala praxis, en el evento que demuestre que todos los actos que realizo estaban contemplados en los protocolos medicos, pero a pesar de todo, omitió desarrollar actos obligatorios establecidos en forma imperativa en dichos manuales.

**69) Cuales son los pasos para presentar una demanda medica?**

1) Solicitar una consulta legal

2) Contratar al profesional del derecho, acordando honorarios profesionales.

3) Celebrar contrato de servicios profesionales con el abogado.

4) Otorgar poder al abogado.

5) Indicar los hechos por escrito en forma detallada dirigido al abogado.

6) Entregar la historia clinica para valora-

ción de un profesional

7) Realizarse una valoración psicológica y psiquiátrica en el evento de existir danos morales.

8) Estimar los perjuicios, incluyendo el dano emergente y el lucro cesante, determinando el dinero dejado de percibir en el evento de tener un negocio o el cese de una actividad o empleo, como producto de la lesión corporal o la afectación psicológica. La valoración la debe realizar un contador público certificado, para lo cual el perjudicado debe aportar documentos que demuestren los ingresos, el tipo de actividad. Dentro de la valoración de los perjuicios para determinar el lucro cesante puede ser pertinente, la aportación de documentos financieros, como facturas de venta, declaraciones de renta, balances, estados de perdidas y ganancias, extractos bancarios etc. En el caso de la economía informal un detrimento patrimonial demostrado en la disminución de los ingresos mensuales puede constituir, medios de prueba pertinentes para la valoración de los perjuicios.

9) Presentar la solicitud de conciliacion dirigida a un centro de conciliacion.

10) Pagar los honorarios del conciliador

11) Pagar los honorarios fijados por el centro de con conciliacion.

12) Celebración de la audiencia de conciliación. Discusión y valoración entre los abogados de las partes de la posibilidad de llegar a un acuerdo conciliatorio.

13) Si existe la intención de llegar a un acuerdo conciliatorio, se puede suspender la audiencia para discusión de aspectos económicos.

14) En el evento de llegar a un acuerdo conciliatorio definitivo, se debe celebrar el acta de conciliacion en donde constan los hechos, el compromiso establecido, la fecha de pago, la persona jurídica o natural obligada a pagar, la persona a la cual se le va a pagar , la forma de pago y la fecha de pago. El acta de conciliacion debe contener los elementos propios de un titulo de recaudo ejecutivo, es decir, debe ser claro, expreso y exigible. El ac-

ta de conciliacion hace transito a cosa Juzgada, lo cual quiere decir que en el caso de incumplimiento, puede ser cobrado ejecutivamente.

## Conclusiones-

Según vimos  a lo largo de este libro el deber de información del médico, y la estrecha relación entre el médico y paciente constituye uno de los pilares que determinan la responsabilidad médica.

La humanidad que deben tener los médicos, constituye unos de los valores más importantes de la medicina. El respeto y el trato especial que merecen las personas que acceden a sus servicios es uno de puntos más relevantes que debe tener en cuenta el médico.

Consideramos que si bien, lo protocolos médicos no le imponen al médico cirujano la obligación de realizarle una valoración psicológica al paciente, sí debería ser un elemento preventivo que deben adoptar los centros estéticos y los médicos cirujanos para tomar la decisión de practicar una cirugía estética, que pueda afectar la fisonomía de una persona y que pueda determinar su actitud ante una eventual complicación.

Bajo el entendimiento de que los procedimientos estéticos tienen un grado importante de riesgo, es primordial, que se valoren las circunstancias internas de cada persona, que permitan establecer si tiene algún tipo de patología psicológica que no le permita enfrentar una posible complicación o en su defecto, no pueda confrontar su nueva apariencia.

Como se expuso a lo largo de este libro, es claro que la decisión inicial de una persona para acceder a una operación estetica, obedece sustancialmente a una percepción interior negativa de su cuerpo y corresponde al deseo profundo de mejorar su imagen frente a sí mismo y frente al mundo que la rodea.

Igualmente es de importancia que las personas conozcan que ya no es necesario aportar pruebas de la ocurrencia de un daño, ya que solamente es necesario demostrar que el resultado no fue el prometido y tener conciencia de las posibilidades de reclamar sus derechos mediante la conciliación.

Como lo hemos indicado, esperamos que en estas páginas se haya generado conciencia sobre los derechos y las posibilidades de reclamar la reparación de los daños.

Consideramos que si bien existen varias alternativas jurídicas para reclamar la ocurrencia de un daño, tales como la denuncia penal, las sanciones por parte de la Secretaria de Salud y las sanciones disciplinarias de competencia del Tribunal de ética Medica, la conciliación puede constituir un mecanismo apropiado para poner en evidencia mediante la presentación de un caso sólido y bien sustentado, la existencia de un error médico.

En la medida en que las personas conozcan sus derechos, se asesoren de abogados especialistas, con experiencia en responsabilidad médica y negociación, existen fuertes probabilidades de que los médicos y sus abogados, consideren prudente y valioso llegar a un acuerdo.

Recordemos que si bien la afectación de la fisonomía de una persona y la pérdida de un ser querido no puede ser sustituido por ninguna contraprestación económica, tambien consideramos que la negociación en el campo civil constituye una posibilidad importante de recibir, por lo menos desde el punto de vista económico, un resarcimiento y un tipo de reparación y que la actuación del médico o del centro hospitalario no quede impune.

Es importante observar también la óptica de los médicos y el gran sufrimiento y afectación e intranquilidad que se le genera ante la posibilidad de ser demandado o denunciado. Si lo vemos de esta forma podemos considerar que es muy posible que también ellos tengan la intención de llegar a un acuerdo de carácter económico, en el evento en que se haya producido un resultado no esperado.

Si bien muchas personas han decidido acudir directamente al campo penal para buscar la imposición de una sanción moral mediante la privación de la libertad del médico, en nuestro parecer, la denuncia penal, no obstante debe exponerse en forma respetuosa dentro del ejercicio de la negociación y solamente acudirse a ese mecanismo como ultima instancia, en el evento en que exista una voluntad definitiva y se hayan agotado los mecanismo para acceder a un acuerdo.

En derecho, acudir al ámbito penal se conoce como la ultima ratio, es decir como el ultimo recurso al que se debe acudir.

Recordemos que los médicos en la mayoría de los casos nunca tienen la intención de causar un daño. Si el daño se produce o el resultado no se obtiene, no obedece a su mala intención, salvo casos excepcionales, y en esta medida, es posible conciliar para llegar a acuerdos que sean satisfactorios para las dos partes desde el punto de vista económico.

Recomendamos siempre, al solicitar una audiencia de conciliación y presentar una reclamación frente un médico, ser muy técnicos en la presentación de los daños. Si existe un daño moral, resulta imperativo demostrarlo, si existe un daño económico valorarlo y cuantificarlo. Pedir por pedir, demandar por demandar, no es una opción en la responsabilidad médica y el abogado que lo asista debe ser conciente y experto en cuantificación de perjuicios.

En esta medida consideramos que los casos de negligencia médica deben ser valorados en conjunto por un grupo de abogados con conocimientos y experiencia en negociación, derecho comercial, derecho probatorio y derecho penal y, adicionalmente, deben contar con la valoración y asistencia conjunta de profesionales de otras disciplinas como psicólogos, psiquiatras, contadores y asesores financieros en el evento de existir daños económicos.

Es claro que la obligación de probar el error médico ya no es necesario para el afectado por su falta de conocimiento médico, sin embargo, es importante tener en cuenta que la obligación de probar el daño sigue siendo obligatorio en Colombia.

Sometemos a consideración del lector nuestra posición y nuestro reclamo, según el cual en Colombia deberíamos adoptar una postura más rígida frente a la condena de perjuicios en casos particulares y específicos.

La aceptación de lo daños punitivos, siguiendo el ejemplo norteamericano, debería ser tomado en cuenta en casos excepcionales como el caso de los centros estéticos que practican cirugías plásticas mediante procedimientos irregulares y la aplicación de sustancias no permitidas.

Las sanciones pecuniarias por daños, tienen como una de sus característica imponer sumas ejemplarizantes, con el fin de que se genere una conciencia ciudadana importante de que no se pueden desarrollar determinados actos que atentan directamente contra la vida y la dignidad de las personas. Finalmente es importante que la legislación Colombiana y nuestras altas Cortes, se pronuncien sobre el abuso indebido y excesivo de intervenciones quirúrgicas por parte de los centros estéticos a una misma persona. El afán mercantilista de algunos médicos cirujanos y algunos centros estéticos, no puede atentar contra la integridad física de una persona. Como lo hemos sostenido a lo largo de este libro, el ser humano no tiene disposición absoluta sobre cuerpo, y en consecuencia, un galeno debería abstenerse de realizar operaciones consecutivas y excesivas a una persona si se observa que existe un peligro para la integridad de la persona y si el resultado de la realización excesiva de intervenciones quirúrgicas o aplicación de sustancias mediante procedimientos estéticos no quirúrgicos, afectan en forma temporal o definitiva la fisonomía del paciente.

Es importante señalar que si bien es cierto, el concepto de belleza constituye una apreciación subjetiva e interior de la sociedad en un momento especifico del tiempo o en una época determinada, resulta preponderante y de vital importancia que el médico, basándose en su deber de solidaridad y su deber de humanidad y responsabilidad, determine si el cuerpo al someterse a una cantidad exagerada de intervenciones quirúrgicas puede en un momento determinado volver a recuperar su fisonomía original.

Consideramos que la responsabilidad de los médicos cirujanos se extiende a los eventos en que se adelanten cirugías excesivas que afecten en forma definitiva la fisonomía del ser humano. Sin embargo consideramos que le corresponde a las Altas Cortes y al legislador establecer los límites a los cuales se deben ajustar los médicos cirujanos.

Ahora bien, a pesar de que no existe una limitación legal o jurisprudencial que limite al médico, consideramos que tampoco existe una prohibición legal que no permita a un afectado por las excesivas intervenciones quirúrgicas por parte de una médico con afectación directa e irreversible a su fisonomía personal, presentar una acción de tutela por violación del derecho a la integridad física, con el fin de que sea la Honorable Corte Constitucional la que determine el alcance y determine en forma definitiva el derecho a reparación que tiene el afectado.

www.ingramcontent.com/pod-product-compliance
Lightning Source LLC
Chambersburg PA
CBHW051516170526
45165CB00002B/492